Tarô Madame
Lenormand

Martina J. Gabler

Tarô Madame Lenormand

EDITORA

© Publicado em 2017 pela Editora Isis.

Revisão de textos: Ana Paula Enes
Diagramação e capa: Décio Lopes
Desenhos: Guillermo D. Elizarrarás

Dados de Catalogação da Publicação

Gabler, Martina J.

Tarô Madame Lenormand/Martina J. Gabler | 1ª edição | São Paulo, SP | Editora Isis, 2017.

ISBN: 978-85-8189-097-5

1. Tarô 2. Arte Divinatória I. Título.

Proibida a reprodução total ou parcial desta obra, de qualquer forma ou por qualquer meio seja eletrônico ou mecânico, inclusive por meio de processos xerográficos, incluindo ainda o uso da internet sem a permissão expressa da Editora Isis, na pessoa de seu editor (Lei nº 9.610, de 19.02.1998).

Direitos exclusivos reservados para Editora Isis

EDITORA ISIS LTDA
www.editoraisis.com.br
contato@editoraisis.com.br

4 de Julho de 1816.

Entrei em uma sala requintada, decorada com luxo, que dava prova de sua prosperidade. Em uma grande mesa, abaixo de um espelho, havia um baralho do qual iniciava seus mistérios. Ela me pediu que cortasse com a mão esquerda. Em seguida, perguntou a data do meu nascimento, a primeira letra do meu nome e ainda a primeira letra do local onde nasci. Ela também me perguntou acerca do animal, da cor e do número que eu mais gostava. Respondi a todas essas perguntas sem vacilar. Após aproximadamente quinze minutos, tempo em que havia exposto todas as cartas sobre a mesa, ela examinou minha cabeça. De repente, em meio a uma boa prosa, com rapidez e articulação clara, começou a descrever meu caráter e meu passado. Foi tão precisa e certeira, inclusive com os pequenos detalhes, que fiquei fascinada.

Fragmento do diário de Lady Frances Shelley
(publicado por Scribner & Sons em 1912)

Sumário

A Misteriosa M. Lenormand 9
O Baralho Lenormand 15
   Características e origem 15
   As cartas e seu significado 20
      1. O Cavaleiro 20
      2. O trevo 24
      3. O barco 28
      4. A casa 31
      5. A árvore 35
      6. As nuvens 38
      7. A serpente 42
      8. O ataúde 46
      9. O ramalhete 50
      10. A foice 54
      11. O chicote 58
      12. Os pássaros 62
      13. A criança 66
      14. A raposa 70
      15. O urso 73
      16. As estrelas 77
      17. A cegonha 80
      18. O cão 84
      19. A torre 88

20. O parque	92
21. A montanha	96
22. Os caminhos	100
23. Os ratos	104
24. O coração	108
25. O anel	112
26. O livro	115
27. A carta	118
30. Os lírios	121
31. O sol	124
32. A lua	127
33. A chave	130
34. Os peixes	134
35. A âncora	137
36. A cruz	140
28. O cavalheiro	144
29. A dama	144

Conselhos de Leitura e Exemplos de Tiragens ... 145

Cinco tiragens como exemplo ... 146
- Tiragem de uma resposta rápida ... 146
- A tiragem de situação ... 147
- O quadrado de nove cartas ... 148
- A cruz do tempo ... 150
- A grande tiragem ... 151

A Misteriosa M. Lenormand

Marie Anne Lenormand nasceu em 1772, em Alezon, Normandia, no seio de uma família bem abastada (seu pai era comerciante de tecidos). Há poucos dados sobre sua infância, muitos deles contraditórios. O que se sabe de verdade é que esteve internada em um convento de mulheres beneditinas e que aos catorze anos se mudou para Paris, cidade onde teceria definitivamente sua lenda. Parece que foi nesse convento que ela começou a dar mostras de suas faculdades sensitivas (ou de sua imensa intuição, se isso não for o mesmo). Segundo alguns biógrafos, aquela menina pressentiu com toda naturalidade a morte da abadessa (superiora do mosteiro de religiosas) e ainda destacou com precisão sua sucessora, meses antes do acontecimento dos fatos.

Em Paris foi acolhida por Madame Louise Gilbert, uma parente distante apaixonada pela arte das adivinhações, que não tardaria a perceber os dons da adolescente. Tudo indica que a convivência e a cumplicidade com a excêntrica tia exacerbaram a tendência inata de Marie Anne, que aprendeu com extraordinária facilidade tudo o que Madame Gilbert lhe ensinava em seu tempo livre, pois ela trabalhava na função de atendente de balcão em uma loja de chapéus.

Madame Gilbert era seguidora fervorosa de Jean-Baptiste Alliette, fabricante de perucas parisienses, especialista em ocultismo, pioneiro na popularização do tarô na Europa, e criador de seu próprio baralho: o famoso tarô de Etteilla. Alliette havia estudado apaixonadamente a respeito de tudo que estava relacionado à alquimia, astrologia, teorias matemáticas e magia egípcia (inclusive chegou a afirmar que o verdadeiro criador do tarô foi o próprio Deus Thoth).

Todos esses mistérios que chegavam por meio de sua tia fascinavam a jovem M. Lenormand, que absorvia tudo aquilo feito uma esponja enquanto se fascinava por aquela cidade e seus magnéticos habitantes.

A menina provinciana tornou-se uma jovem carismática. Durante os dias que conciliava seu trabalho de atendimento ao público na loja de chapéus pôde colher bons frutos graças ao seu caráter espirituoso e particular encanto. A partir daí, os acontecimentos passaram a se concatenar de maneira quase mágica.

Nessa época, fazia viagens enigmáticas e frequentes, especialmente para Londres, cujo objetivo nunca ficou claro. Há várias teorias a respeito e a mais evidente faz referência a Franz Joseph Gall, o pai da Frenologia. A jovem Marie Anne, em plena efervescência de curiosidades e descobertas, lia tudo o que chegava às suas mãos acerca das doutrinas do médico vienense. São muitos os que acreditam que essas viagens coincidiam com seminários e palestras ministradas por Gall em diversos países da Europa. Há também aqueles que atribuem esse movimento pertencente a uma misteriosa sociedade oculta. Não há evidências, por sua vez, as possibilidades podem ser infinitas, tão infinitas quanto à imaginação de cada um.

De qualquer forma, a verdade é que um círculo de mistérios envolve essas idas e vindas constantes em um período particular da história de Marie Anne. Além disso, é difícil explicar o fato de uma jovem francesa do final do XVIII (momento em que a educação cortesã era bastante limitada, ainda mais para as mulheres) dominar uma língua estrangeira (dizem que ela falava fluentemente o inglês) antes mesmo de colocar "um pé" em Londres. Na verdade, ela acabou estabelecendo residência nessa metrópole por longo tempo e, curiosamente, foi justamente em seu retorno a Paris que por conta própria inaugurou sua prática de consultas. É provável que esse seu lado nômade, juntamente com sua vida boêmia, seja o motivo de posteriormente associar-se à cartomancia cigana.

De acordo com o que foi mencionado, um dos aspectos que mais desconcertava aqueles que questionavam a respeito dessa personagem tão fabulosa era o seu alto nível formativo. Além dos ensinamentos esotéricos adquiridos em sua primeira etapa parisiense, graças às suas ávidas leituras e por influência de sua tia, a jovem Lenormand demonstrava vasta cultura (há muitas testemunhas que a avaliam) e um modo diferente de ser.

Desde o princípio, ela soube desenvolver-se bem entre a aristocracia – foi vitoriosa simplesmente vendendo chapéus – e de modo natural, inato. Por isso, são muitos os rumores sobre sua autêntica origem. Segundo uma biografia autorizada por seu herdeiro, a qual se conserva na Biblioteca Nacional Francesa, Marie Anne era na verdade filha ilegítima do próprio Louis XV. Hipótese que explicaria seus bons modos e sua formação (entre outras, o convento beneditino era um centro educacional destinado a crianças de famílias nobres que pagavam valores substanciais para poder estudar), assim também sua defesa pela monarquia nos turbulentos dias de revolução, sua devoção aos Bourbons e as lacunas misteriosas de sua infância.

É claro que seu refinamento e sua educação requintada não correspondiam aos de uma clássica "feiticeira" do povo, mas sim de uma nobre extravagante (ela ia a todos os lugares com seu charmoso gato no ombro), popularmente aceita em círculos seletos.

Em sua consulta no número 5 da Rua de Tournon circularam os principais personagens da época. Na verdade, a escolha do local não foi ao acaso, mas uma escolha de Marie Anne após descobrir, por meio da orientação do pêndulo, que ali havia um porão que dava acesso aos corredores secretos do metrô parisiense, uma estratégia essencial, uma rota de fuga em momentos de perigosa conjuntura político-social.

Atraídos por sua fama e pela maneira segura, sem artifícios ou implantações circenses que comunicavam suas intuições, os protagonistas da Revolução Francesa procuravam suas previsões. Todos em Paris falavam acerca do modo direto que Marie Anne verbalizava pelos vários canais que utilizava. "A profetisa dos salões" evitava sempre a imprecisão e fugia de fórmulas gratuitamente crípticas, e o mais importante: estava sempre certa. E essa infalibilidade incluía previsões de morte, que ela, ao seu estilo, revelava sem cerimônias. Ela previu a morte sangrenta de Marat, Saint-Just e Robespierre, entre outros, além da morte de seu próprio irmão.

Mas, sem dúvida, a relação mais próxima e transcendente que teve em sua vida foi a que estabeleceu com Josefina, a conhecidíssima esposa de Napoleão.

Ela a conheceu quando ainda não era a esposa de Bonaparte e previu a morte prematura do seu primeiro marido, o Visconde de Beauharnais, do mesmo modo seu futuro casamento com "um soldado que seria extremamente honrado".

Josefina, nascida nas Antilhas, era supersticiosa e familiarizada com o mundo da feitiçaria. Marie Anne ficou fascinada por essa jovem e, segundo contam, se tornaram quase inseparáveis. Essa amizade traria fama à Marie Anne, que junto à Imperatriz Josefina era apresentada a todo mundo.

Nos anos dourados do seu matrimônio, Napoleão Bonaparte, por meio de sua esposa, a imperatriz, adquiriu enorme simpatia por aquela mulher extravagante. Ela era conhecida por todos tal qual uma sabichona e aficionada por temas esotéricos, que segundo as supostas memórias secretas de Josefina, o imperador teria afirmado: "Passei minha vida entre movimentos contínuos, que não me deixaram um só minuto para cumprir meus deveres iniciais com a seita dos egípcios".

Com o tempo, Bonaparte passou a suspeitar da grande influência que a adivinha exercia sobre sua amada. E quando interceptou uma nota que Marie Anne enviou a Josefina para alertá-la sobre uma infâmia que sofreria de alguém muito próximo (havia sonhado com serpentes, animal simbólico cuja imagem faz parte do baralho dedicado a este livro), Napoleão proibiu a entrada da confidente de sua mulher no palácio e promulgou uma lei direcionada a adivinhos e feiticeiros que ditava: "Todas as pessoas que praticarem o ofício da adivinhação ou que profetizarem ou explicarem os sonhos serão castigadas; conforme estas circunstâncias sofrerão uma pena de cinco dias de prisão, além de serem confiscados seus utensílios e as peças de roupa destinadas ao exercício deste ofício". Amparado por essa tão oportuna lei, enviou Marie Anne ao presídio.

Coincidentemente, alguns meses depois o imperador decidiu se separar de Josefina. Tudo parece indicar, assim mencionam os comentaristas da época, que o imperador, sabendo do alto nível de acertos da adivinha (e da confiança inabalável que havia adquirido) e provavelmente pressentindo a ideia de que abandonaria Josefina, preferiu manter-se afastado e em seguida isolar Marie Anne, antes que ela pudesse dar mais detalhes e ajudasse a imperatriz.

Essa não seria a última vez que Marie Anne pisaria numa cela, inclusive chegou a ser acusada de espionagem, contudo, seus sublimes e também enigmáticos contatos (costuma-se dizer que recebia visitas secretas do Czar Alexandre I e de Federico Guillermo III da Prússia) sempre a livraram de apuros.

Ela foi uma personagem muito popular em sua época, seu nome aparece tanto em obras crônicas quanto literárias e chegou a ser comparada a Nostradamus. Marie Anne, inclusive, por iniciativa própria, adentrou a carreira das letras e publicou alguns livros, a maioria deles de caráter documentário acerca de acontecimentos protagonizados pela Imperatriz Josefina.

Entre seus colegas ocultistas provocava sentimentos contraditórios, por um lado despertava suas reservas (ou talvez alguma inveja profissional), mas por outro, permitia que se deixassem render ao seu charme hipnótico e diante das evidências. Assim, Eliphas Levi, o ilustre taumaturgo francês, autor de importantes obras temáticas – "História da Magia" e "Dogma e Ritual da Alta Magia" – expressou, onze anos após a morte da vidente, algumas palavras que mostram a clara vocação de crítica depreciativa e condescendente, mas que terminam por reconhecer sua clarividência inegável e fundamental: "Lenormand, a mais célebre das cartomantes modernas, não foi instruída com a ciência do tarô, apenas conhecia pela derivação de Eteilla, cujas descrições são sombras de um fundo de luz, não sabia nada sobre a alta magia, nem mesmo da Cabala; sua cabeça estava repleta de mal, dirigida pela erudição. Intuitiva por instinto, raramente ela era enganada. Seus trabalhos deixados são legítimas palhaçadas decoradas por citações clássicas; mas seus oráculos, inspirados pela presença e pelo magnetismo de quem a consultava foram sempre surpreendentes".

Após anos de popularidade e experiências emocionantes, Marie Anne Lenormand cansou-se da agitação parisiense, das polêmicas, da admiração asfixiante dos seus devotos e dos dardos dos seus detratores, e, do mesmo modo que qualquer diva que se preze, decidiu se aposentar com dignidade e desfrutar serenamente do que havia plantado em toda sua vida.

Passou seus últimos dias na Pequena Casa de Sócrates, uma propriedade rústica e encantadora situada em Alezon, sua terra natal, chamada assim em memória ao filósofo clássico, que previu vários acontecimentos de sua própria vida.

Ali morreu em 25 de Junho de 1843.

O Baralho Lenormand

Características e origem

O baralho Lenormand que existe hoje é composto por trinta e seis cartas de desenhos simples, mas não isentos de um ambiente onírico inquietante. Os trinta e seis arcanos, se é possível chamá-los assim, são os seguintes:

1. O Cavaleiro
2. O Trevo
3. O Barco
4. A Casa
5. A Árvore
6. As Nuvens
7. A Serpente
8. O Ataúde
9. O Ramalhete
10. A Foice
11. O Chicote
12. Os Pássaros
13. A Criança
14. A Raposa
15. O Urso
16. As Estrelas
17. A Cegonha
18. O Cão
19. A Torre
20. O Parque
21. A Montanha
22. Os Caminhos
23. Os Ratos
24. O Coração
25. O Anel
26. O Livro
27. A Carta
28. O Cavalheiro
29. A Dama
30. Os Lírios
31. O Sol
32. A Lua
33. A Chave
34. Os Peixes
35. A Âncora
36. A Cruz

Estamos diante de um tarô muito peculiar cujos naipes em nada se parecem aos arcanos maiores dos tarôs tradicionais. Trata-se de um baralho mundano e simples, um oráculo de Delfos, que nos faz pensar em uma origem mais lúdica que cartomântica no sentido esotérico do termo.

Iconograficamente, as cartas são conceituais e apresentam um desenho simples e minimalista. Um estilo de hoje que nos parece "naif", sobretudo se comparado aos desenhos mais complexos, carregados de símbolos e chaves, de alguns dos tarôs universais. Cada ilustração – figuras, ambientes e cenas da vida cotidiana próprias da época em que foi criada – aponta um significado concreto e simples que exige ao menos outro naipe para uma correta interpretação. Em alguns baralhos, junto à imagem central, aparecem ainda os naipes do clássico baralho francês. Entretanto, de acordo com os guias de leitura que foram preservados ao longo dos anos, esses valores numéricos não influenciam o aspecto divinatório. As cartas também apresentam peculiaridades em relação ao seu método de leitura (específico e com técnicas concretas) e tiragens (essas que são exclusivas e não combinam com as habituais do tarô clássico).

As cartas Lenormand nunca são lidas isoladamente. A tiragem mínima é de duas cartas, estabelecendo-se uma relação similar entre nome e adjetivo. Por esse motivo, além do significado específico de cada naipe, vamos detalhar também o valor e o aspecto de cada um, assim também a melhor interpretação dessas combinações duplas.

Essa leitura, sempre em combinação, permite emitir as mensagens mais precisas e personalizadas, que são adequadas para um oráculo tão pragmático feito esse. Embora isso funcione tal qual um tarô qualquer, a intuição do leitor tem um papel primordial, intuição que nesse caso torna-se mais concreta e prática ao tratar de consultas sobre situações cotidianas que deixam pouca margem para a ambiguidade, própria de leituras esotéricas e multidimensionais.

Hoje, sabemos com certeza que após a morte de M. Lenormand não foi encontrado baralho algum de sua autoria e segundo especulações (não há dados precisos, parte-se mais de hipóteses do que fatos) o baralho que conhecemos hoje teria sua origem em outro mais complexo, contendo cinquenta e quatro cartas, que M. Lenormand teria redesenhado e reduzido a trinta e seis cartas. Mesmo assim, inúmeras testemunhas da época afirmavam que não utilizavam nenhum tipo de tarô e que preferiam ler o clássico baralho gala. De qualquer forma, há documentações que provam que entre as diversas ferramentas de trabalho de Marie Anne havia um tarô "personalizado", projetado por ela mesma e que foi apresentado à sociedade em 1828, mas que era um baralho inspirado no método de Etteilla, completamente diferente daquele que conhecemos hoje, denominado Lenormand.

Levando-se em consideração essa série de dados e análise de datas e acontecimentos, tudo parece indicar que o lançamento do baralho popular foi uma operação de marketing séria, em pleno século XIX, quando ninguém ainda tinha ouvido falar de marketing ou de qualquer coisa parecida. Os fatos concretos são os seguintes: em 1845, dois anos após a morte da misteriosa dama, aproveitando a força da personagem e a turbulência que seguia levantando surpresas e reais acertos, um inteligente fabricante de cartas de baralho, Monsieur Gaudais, comercializou "O grande jogo das práticas secretas da senhorita Lenormand". O jogo continha não somente um baralho projetado, por sua vez, pelo arquipopular e enigmático ilustrador Grandville, a quem muitos consideravam um iniciante, – mas também um guia de leitura, assim também uma coleção de manuscritos e cartas relacionadas diretamente com a famosa cartomante. O livro, embora assinado com pseudônimo, era um trabalho de Madame Breteau, escritora e também editora que, na condição de biógrafa autorizada pelo único herdeiro de Marie Anne, teve acesso a todo tipo de documentação e escrituras que a própria família fornecia.

Nos textos publicitários, mencionava-se que ela havia sido aluna da vidente, mas esse é um dado falso, uma simples estratégia comercial. Ao que parece, "O grande jogo das práticas secretas da senhorita Lenormand" era na verdade nova versão, ou melhor, estava inspirado por outro jogo de mesa bem-sucedido entre a ociosa *crème de la créme* europeia: "O jogo da esperança" (Das Spiel Der Hoffnung), criado em 1799 pelo empresário e escritor alemão Johann Kaspar Hechtel. Nesse jogo foi usado um baralho de trinta e seis cartas que incluía os mesmos símbolos e significados do resumido baralho do tarô Lenormand, enumerado anteriormente. Era jogado em um tabuleiro cujas casas indicavam todo tipo de ação para o jogador da vez (muito semelhante ao eterno Jogo do Ganso, inclusive por motivos similares a esse, com casas de penalização, de recompensa e de passagem). O objetivo era conseguir a última carta: a Âncora, que simbolizava a esperança e dava nome ao jogo.

Há alguns estudiosos que apontam a possibilidade da não veracidade desse processo, ou seja, que Kaspar Hechtel teria criado o passatempo baseando-se no baralho usado por Lenormand (claro que para aceitar essa hipótese deveria aceitar-se previamente que o baralho de Lenormand foi criação direta da senhorita francesa).

Felizmente, para sairmos do círculo embaraçoso de: "Quem veio primeiro o ovo ou a galinha?", Mary K. Greer, especialista em tarô e autora de vários livros e de um blog acerca do assunto, apresentou recentemente uma hipótese bem documentada que poderia trazer luz a essa questão da verdadeira origem de ambos os jogos. O Museu Britânico preserva um livro, datado em 1796 (ou seja, anterior ao "Jogo da esperança" e ao "Jogo das práticas secretas da senhorita Lenormand") chamado "Os jogos da corte de Viena" ou "Os divertimentos dos alemães", composto por um tabuleiro (que simula o interior de uma xícara) e alguns naipes que recriam os símbolos empregados na leitura da borra de café (nos anos do seu apogeu era utilizado tal qual um passatempo denominado de O baralho do café). E um dado revelador e surpreendente: esses símbolos coincidem quase que totalmente com o baralho

Lenormand, uma informação relevante que explica muitas coisas, dentre elas, o motivo da estreita relação que sempre existiu entre o baralho Lenormand e o universo cigano.

Venha de onde vier e quaisquer que sejam as razões que levaram à sua criação, a fusão perturbadora de cotidianidade, onirismo e precisão tornam o baralho Lenormand um tarô único e fascinante (além da sua incrível precisão).

As cartas e seu significado

1. O Cavaleiro

1 - O CAVALEIRO

Normalmente, refere-se a um homem jovem e carismático, um estrangeiro ou visitante cuja aparição pode provocar transfomações radicais no campo sentimental ou profissional. Indica movimento, notícias, viagens, entre outros. Algo que está se aproximando de sua vida e que pode deixá-la de cabeça para baixo. É uma carta muito dinâmica que anuncia mudanças surpreendentes e satisfatórias. Determinação, ação, coragem, saída da zona de conforto, facilidade de adaptação.

Pode também referir-se a certa abertura em áreas mais simples e espirituais, indicando, nesse caso, modificação e evolução.

No campo sentimental indica novo amor ou um amante mais jovem. Mostra ainda a possibilidade de novos rumos e ideais que ajudarão a superar situações conflitantes ou bloqueadas.

Interpretação do cavaleiro em combinação com:

- 2. O trevo: agradável surpresa sentimental. Uma inesperada notícia boa relacionada a dinheiro. Também fala de segundas oportunidades.
- 3. O barco: viagem ou mudança. Encontro que será importante com alguém de origem estrangeira.
- 4. A casa: visita inesperada de um amigo. Chegada de hóspedes, aparição de inquilino quando está tentando alugar uma casa. Notícias relacionadas com o lar. Encontro secreto (com um amante ou algum tipo de reunião clandestina).

- 5. A árvore: risco de doença por contágio e, ao contrário, se o consulente está doente indica boas notícias, melhoras. No campo profissional fala do início de um negócio frutífero.
- 6. As nuvens: más notícias ou informação ambígua, confusa. Chegada de alguém que pode causar conflitos no entorno.
- 7. A serpente: anuncia traição ou atitude de hipocrisia por alguém do entorno do consulente. Ações reprováveis, tumulto, ações mesquinhas. Aconselha-se a desconfiar de conselhos aparentemente bem-intencionados.
- 8. O ataúde: mudança radical e súbita. Chegada de notícias bem preocupantes. Separação.
- 9. O ramalhete: um reencontro inesperado trará felicidade. Excelentes notícias. Diversão em boa companhia. Vitória.
- 10. A foice: decisão definitiva, ruptura drástica com o passado. Acidente. Anúncio de uma cirurgia. Anulação repentina de um compromisso.
- 11. O chicote: provocação. Briga importante provocada por notícias inesperadas. Pode também indicar mediação em uma disputa.
- 12. Os pássaros: problemas, dificuldades em viagens ou transferências. Uma chamada com notícias surpreendentes e emocionantes. Piadas, críticas e maledicência.
- 13. A criança: chegada de uma criança (pode ser um nascimento), gravidez, vitalidade, boas perspectivas para algo que esteja apenas começando ou prestes a fazer.
- 14. A raposa: alguém próximo ao consulente está a ponto de enganá-lo ou roubá-lo. Notícias distorcidas com o fim de manipulação. Essa combinação também pode representar um viajante, um comercial ou um vendedor ambulante.
- 15. O urso: solução dos problemas pela intervenção de uma figura de autoridade ou de uma pessoa influente, poderosa.
- 16. As estrelas: oportunidade inesperada para resolver certos problemas. Mensagem de esperança. Inspiração (bloqueios

artísticos). Pode também prever que na vida do consulente esteja prestes a entrar alguém famoso ou popular.
- 17. A cegonha: mudança de cidade, notícias que chegam de longe. Viagem aérea.
- 18. O cão: visita de um amigo fiel cuja chegada será providencial.
- 19. A torre: viagem solitária. Escapar da solidão. Comunicação, certificado, notícia proveniente de algum organismo oficial. Isolamento e separação de seres queridos em prol de uma ambição.
- 20. O parque: chegada de um amigo que trará estabilidade. Criação de uma sociedade, início de um negócio com sócios. Evento social, chegada de convidados para uma celebração.
- 21. A montanha: surgirão obstáculos com os quais não se conta obrigando à mudança de planos e objetivos. Mensagem de chegar com atraso.
- 22. Os caminhos: situação que demandará escolha clara e definitiva entre diversas opções. Informes relativos à decisão tomada há algum tempo.
- 23. Os ratos: notícias relacionadas à perda ou roubo. Ausência de notícias preocupantes. Mensagem extraviada, não recebida pelo destinatário.
- 24. O coração: notícias relacionadas ao amor. Se o casal estiver passando por uma crise, anunciará uma reconciliação iminente. Essa combinação também se refere ao início de namoro. Um convite galanteador, uma declaração de amor.
- 25. O anel: notícias que consolidam um contrato ou um reencontro sentimental. Pacto inquebrável. Proposta atraente. Progresso.
- 26. O livro: estão sendo escondidas informações do consulente. Referência também ao deslocamento ou mensagens secretas (pode indicar a existência de um amante). Indica notícias relacionadas aos estudos. Descoberta impactante.

- 27. A carta: novidades que chegam por escrito. Recebimento de documentos. Essa combinação também pode simbolizar um intermediário.
- 28. O cavalheiro: notícias de um homem. Surgimento de um homem atraente (se a consulente for uma mulher). Homem de ação, atlético.
- 29. A dama: notícias de uma mulher. Surgimento de uma mulher atraente (se o consulente for homem). Mulher dinâmica, ativa.
- 30. Os lírios: sucesso iminente, acontecimento surpreendente que vem de uma situação que parecia mal orientada. Sexo excelente. Surgimento de uma pessoa fascinante, magnética.
- 31. O sol: notícias acerca de sucessos materiais ou profissionais. Entusiasmo, vitalidade, autoconfiança que estimula a ação e as ideias.
- 32. A lua: algo que parecia promissor e positivo pode revelar-se de modo prejudicial. Informes relacionados a atividades criativas. Notícias pessoais que provocam fortes emoções. Chegada de um homem jovem, sonhador e romântico.
- 33. A chave: notícias determinantes, geralmente positivas.
- 34. Os peixes: assinatura de um contrato. Notícias relacionadas às questões financeiras ou a negócios e investimentos. Quando se refere a uma pessoa em particular, indica um homem de negócios, um empresário ou empreendedor.
- 35. A âncora: estabilidade. Conquista de equilíbrio tanto físico quanto psíquico. Notícias tranquilizantes relacionadas ao trabalho, entrevistas selecionadas e que dão bons frutos (fim da incerteza).
- 36. A cruz: aproximação de alguma pessoa infeliz ou de alguém que esteja passando por depressão. Fatos que levam a um estado depressivo, ao desânimo.

2. O trevo

Símbolo universal da boa sorte. É a carta da esperança, uma carta benevolente que fala de superação, de pequenos milagres.

Anuncia acontecimentos agradáveis no plano social: hedonismo, diversão, risos. O que se estende ao plano profissional será desfrutado de um bom ambiente. Desbloqueio de possível estagnação em qualquer área, projetos pessoais que se consolidam. Frequentemente, anuncia grande êxito. Sucesso que será devido a um golpe de sorte, não ao esforço, não ao mérito do consulente.

Seja qual for a previsão, fala-se de um fato agradável, positivo, mas passageiro, com aspecto imediato e frágil em relação aos ganhos obtidos em um jogo. É uma mudança circunstancial e potencialmente positiva que aparecerá de modo fugaz e que deve ser aproveitada.

Se a consulta faz referência a uma dúvida é hora de dar um passo adiante. Em qualquer projeto o trevo aconselha arriscar: "o que não se arrisca não se ganha", esse é o lema.

No campo amoroso, referencial do melhor do amor, da beleza e das primeiras fases iniciais de um romance. O idílico que logo se transforma ou morre. E quando representa uma pessoa, fala de alguém com habilidades sociais, encanto e coragem, talvez um jogador (pode ser em sentido metafórico, alguém que arrisca e desfruta do sentido lúdico da vida).

Interpretação do trevo em combinação com:

- 1. O cavaleiro: agradável surpresa sentimental. Notícia positiva relacionada a dinheiro. A combinação também fala de segundas oportunidades.
- 3. O barco: boa sorte em uma negociação comercial. Negócios que se encerram em prazo muito curto.
- 4. A casa: momentos felizes no lar, celebração de acontecimentos agradáveis relacionados à família. Ganhos procedentes de uma herança, doação ou testamento.
- 5. A árvore: a natureza traz felicidade e essa combinação aconselha a busca pela paz e pelo consolo. Fala de sorte, mas não de um golpe de azar, mas sim de sorte perdurável.
- 6. As nuvens: é importante estar atento às oportunidades, talvez alguma excelente chance passe despercebida por não ser óbvia à primeira vista.
- 7. A serpente: cobiça. Talvez o consulente esteja abusando de sua sorte. Cuidado! Essa combinação anuncia mudança, não precisamente para o bem. Pode ainda falar de uma estratégia (talvez polêmica) que dará bons resultados.
- 8. O ataúde: ruína causada por aposta em jogo ou devido a um péssimo investimento. A sorte não está favorável.
- 9. O ramalhete: um antigo desejo quase esquecido se cumprirá.
- 10. A foice: surpresa desagradável. Ruptura inesperada.
- 11. O chicote: desacordo menor. Golpe de sorte, gestão afortunada, mas de valor insignificante.
- 12. Os pássaros: preocupações sem razão, mudanças de humor.
- 13. A criança: novidade agraciada que trará bênçãos. A combinação também fala da oportunidade de recomeçar, com os ventos a favor.
- 14. a raposa: às vezes, é necessário buscar a sorte, por meio da astúcia e da inteligência. O adversário só tem a perder.

- 15. O urso: ganhos relacionados a um homem generoso e leal.
- 16. As estrelas: golpe de sorte.
- 17. A cegonha: acontecimento bem-sucedido relacionado a mudanças na rotina. Boa oportunidade que exige reação imediata para ser aproveitada.
- 18. O cão: êxito e confiança nas amizades. Dom para agradar, período sociável e expansivo.
- 19. A torre: fim de uma situação complicada graças a uma mudança de perspectiva. Trégua que deve ser aproveitada por ser breve.
- 20. O parque: um compromisso promissor que trará algo bom, seja qual for a área e o motivo do encontro.
- 21. A montanha: curto período de trégua diante da resolução definitiva de um problema.
- 22. Os caminhos: essa combinação se refere a um projeto em curso que deve ser abandonado o quanto antes.
- 23. Os ratos: excesso de confiança em alguém não digno. Perda de dinheiro em jogo.
- 24. O coração: momentos felizes no amor, nos inícios. Quando se trata de uma relação antiga e longa indica o renascer de um namoro, de recuperação da ilusão.
- 25. O anel: um presente valioso. Harmonia nas relações. Casamento iminente, associação afortunada.
- 26. O libro: apoio inesperado.
- 27. A carta: chegada inesperada de notícias por escrito que anunciam acontecimentos positivos relacionados a um golpe de sorte. Essa combinação ainda faz referência a um bilhete da loteria, a um cupom, entre outros.
- 30. Os lírios: oportunidade de promoção no trabalho ou incorporação à família de alguém que trará bem-estar e boas vibrações.

- 31. O sol: sorte no jogo. Início de um bom período em qualquer área.
- 32. A lua: falta de realismo, desgaste e estresse por sonhos atingíveis. Decepção.
- 33. A chave: firmeza na situação objeto de consulta. A posição deve ser mantida.
- 34. Os peixes: sucesso inesperado que será providencial e trará estabilidade a uma situação complicada. Sorte nos negócios e nas finanças. Quando se trabalha para os outros, aumento de salário.
- 35. A âncora: período de esplendor no trabalho, talvez relacionado a alguma viagem inesperada e de boas consequências.
- 36. A cruz: um fio de esperança em meio a um momento difícil.

3 - O BARCO

3. O barco

Viagem de férias ou de negócios. Atividades relacionadas ao comércio, indica expansão e progresso. Pode também indicar mudança a um lugar distante por motivos de trabalho, reencontro com seres queridos que residam no exterior.

O barco pode simbolizar também a longa travessia da vida. A vida tal qual périplo existencial: seus desejos e frustrações. Talvez o consulente esteja em um momento de reflexão profunda, de analisar Os caminhos percorrido, planejar novo rumo ou amarração. Nesse sentido, se fala de nostalgia, de saudades.

Interpretação do barco em combinação com:

- 1. O cavaleiro: viagem ou mudança. Encontro que será importante, com alguém de origem estrangeira.
- 2. O trevo: boa sorte em uma negociação comercial. Pequena escapada, porém gratificante. Negócios que se encerram em prazo muito curto. (adequar o termo)
- 4. A casa: representa o país natal e indica atividade comercial estável e rentável.
- 5. A árvore: representa a importância de evoluir, talvez para isso deva-se tomar Os caminhos mais irregular, difícil e mais longo, porém é o que levará ao verdadeiramente perdurável. Não é hora de atalhos.
- 6. As nuvens: as nuvens são imprevisíveis; combinadas com O barco, muitas vezes, falam de um estado de angústia temporário, de uma navegação sem rumo que deverá ser orientada.

- 7. A serpente: representa momento introspectivo com emoções que evoluem. Profundidade psicológica que pode levar a descobertas pessoais importantes.
- 8. O ataúde: combinação que fala de uma separação momentânea entre casais ou sócios.
- 9. O ramalhete: feliz mudança de perspectiva.
- 10. A foice: cancelamento de uma viagem.
- 11. O chicote: sua impulsividade causa problemas. Pense primeiro antes de agir e não reaja com muita rapidez.
- 12. Os pássaros: ansiedade pela espera de notícias que chegam de longe. Viagens com problemas de imprevistos.
- 13. A criança: viagem curta, mas muito agradável e lúdica.
- 14. A raposa: negócios obscuros.
- 15. O urso: o consulente conhece alguém durante uma viagem ou deslocamento que, definitivamente, marcará sua existência. Progresso obtido devido à constância.
- 16. As estrelas: sucesso que levará tempo para acontecer, mas quando chegar será duradouro.
- 17. A cegonha: mudança para o exterior ou regresso para quem vive fora.
- 18. O cão: viagem prazerosa com uma pessoa querida, reunião de grandes amigos.
- 19. A torre: viagem solitária, provavelmente de negócios, sendo que muitas vezes se refere a um retiro espiritual, à necessidade de ficar longe de todos e de tudo, momento para refletir.
- 20. O parque: reunião de negócios com resultados positivos (provavelmente essa reunião será fora do país de origem). Viagem em grupo ou com os amigos.

- 21. A montanha: viagem que implica certo perigo ou talvez decisão precipitada que leva a uma mudança arriscada. Atrasos burocráticos.
- 22. Os caminhos: falta de objetividade nas decisões.
- 23. Os ratos: energia desperdiçada inutilmente, oportunidades perdidas. Perda ou roubo durante uma viagem. Herança perdida ou difícil de ser conquistada.
- 24. O coração: férias românticas. Paixão por uma pessoa de outra cultura. Romance de verão. Lua de mel.
- 25. O anel: doação em dinheiro que chega de longe. Pode simbolizar também uma viagem de casal.
- 26. O livro: negociação realizada em segredo.
- 27. A carta: correspondência profissional.
- 30. Os lírios: novo contato, espiritualmente enriquecedor.
- 31. O sol: viagem prazerosa. Sucessos. Herança inesperada.
- 32. A lua: pensamento errático obsessivo que ao invés de esclarecer acaba complicando. Pode levar a lugares sem saída, a questões sem solução.
- 33. A chave: possibilidades inesperadas e promissoras que aparecem no horizonte.
- 34. Os peixes: negócio lucrativo. Profissional independente.
- 35. A âncora: O barco está ancorado, chega o momento da estabilidade (a combinação se refere especialmente à estabilidade emocional psíquica).
- 36. A cruz: viagem redentora, seja literal (uma viagem que trará novas expectativas e oportunidades) ou que determina o fim da miséria, de adversidades por meio de uma viagem interna com conclusões bem-sucedidas decorrentes da introspecção.

4. A casa

4 - A CASA

É a carta dos assuntos familiares. A casa simboliza a estabilidade, a paz, a alegria, a harmonia familiar e também a tradição. Essa carta não se refere apenas ao lar físico, (pode indicar mudança ou aquisição de alguma moradia), mas também faz parte daqueles que a habitam. Quando se refere ao consulente indica equilíbrio físico e psíquico.

Se a consulta se refere ao local de trabalho, a casa fala de um emprego estável ou pode referir-se a algo mais literal, como o local de trabalho estar próximo à casa ou um trabalho realizado na própria casa.

Interpretação da casa em combinação com:

- 1. O cavaleiro: visita inesperada de um amigo. Chegada de hóspedes, aparecimento de inquilino caso esteja procurando alugar a casa. Notícias relacionadas ao lar. Encontro secreto (com um amante) ou algum tipo de reunião clandestina.
- 2. O trevo: momentos felizes em casa, realização de eventos afortunados relacionados à família. Ganhos provenientes de alguma herança, doação ou testamento.
- 3. O barco: representa o país natal e indica atividade comercial estável e rentável.
- 5. A árvore: paz e tranquilidade da família em contato com a natureza. Laços familiares ancestrais "não contaminados" pelo ambiente nem pelas circunstâncias. Quando se refere a um lugar, indica uma casa de campo.
- 6. As nuvens: momento de desgosto na família, mas que será passageiro.

- 7. A serpente: alerta sobre uma pessoa pouco confiável na família. Pode ser um parente direto ou alguém bem próximo da família.
- 8. O ataúde: deslocamento forçado por questões familiares. Estagnação ou mudança extrema nas relações familiares (pode estar relacionada a alguma situação difícil ou a discussões que se prolongam).
- 9. O ramalhete: celebração familiar, otimismo e alegria no lar. Um membro da família viverá um momento glorioso.
- 10. A foice: Má combinação que fala de despejo ou perda de emprego. Indica também uma situação insustentável com a família, péssimo momento nas relações familiares.
- 11. O chicote: violência familiar. Sérios problemas atingindo a todos integrantes da família, harmonia perdida, rupturas, mesquinharias, brigas e censuras.
- 12. Os pássaros: essa combinação fala de um lar agitado. Pode estar relacionada a famílias numerosas ou de todos os tipos, mas com membros apaixonados e expressivos. Indica igualmente acúmulo de pequenos problemas.
- 13. A criança: nostalgia, lembranças.
- 14. A raposa: traição entre membros da família.
- 15. O urso: simboliza o pai. Autoridade, tradição e costumes. Pode ainda indicar conservadorismo excessivo no lar.
- 16. As estrelas: chegada de um hóspede ou visita muito agradável que trará alegria e novos ares ao lar.
- 17. A cegonha: indica que algum membro da família deixará a casa ou que novo membro surgirá.
- 18. O cão: chegada de um amigo ao lar. A combinação da casa com O cão também fala de lealdade e devoção entre os membros da família. Família muito unida.

- 19. A torre: a torre ao lado da casa representa um edifício público, governamental, institucional.
- 20. O parque: eventos de lazer com qualidade (ópera, teatro, exposições). Celebração importante em uma grande casa familiar com jardins.
- 21. A montanha: parente mau-caráter, antipático e distante.
- 22. Os caminhos: assuntos familiares que não terminarão de modo favorável. Decisões vinculadas à família que serão precipitadas. A combinação aconselha meditar cuidadosamente antes da tomada de qualquer tipo de decisão. Separação de bens.
- 23. Os ratos: adultério. Roubo em casa. Investimento precipitado do qual a economia doméstica ressentirá. Perda de patrimônio.
- 24. O coração: despertar de uma antiga paixão. Sentimentos sinceros e sólidos. Amor para toda a vida. Pode referir-se também ao amor à pátria, amor ao povo, amor à terra natal ou à terra onde cresceu.
- 25. O anel: união familiar sólida. Forte ligação com o lar e a família. Assinatura de um contrato de aluguel.
- 26. O livro: segredos familiares, segurança com a intimidade familiar.
- 27. A carta: empréstimo concedido para a compra de um imóvel.
- 30. Os lírios: felicidade conjugal, família feliz. Sentimentos fraternos e paternos muito profundos. Proteção.
- 31. O sol: bem-estar no lar.
- 32. A lua: a combinação da lua com a casa pode simbolizar a mãe. Referência à nostalgia, melancolia e a momentos felizes que ficaram no passado.
- 33. A chave: indica a conquista de metas.
- 34. Os peixes: economia familiar favorável, renda extra para os cofres da família. Compra ou venda de imóvel.

- 35. A âncora: indica reconciliação, recuperação da estabilidade e equilíbrio perdido dentro do círculo familiar.
- 36. A cruz: carma negativo de origem hereditária. A família pode ser uma sobrecarga excessiva para o consulente.

5. A árvore

5 - A ÁRVORE

A árvore evoca paciência, estabilidade, simboliza a meditação, a longevidade, a sabedoria. Essa carta nos fala de relacionamentos longos e sólidos. Dependendo das cartas que a acompanham, pode alertar acerca de risco de estagnação, um fator que pode desencadear uma ruptura no amor. Aponta ainda para a segurança e a resistência. Anuncia a recuperação de forças (tanto físicas quanto psíquicas). Amizades duradouras e harmoniosas, além de consolidações: seja em termos de trabalho (assinatura de um contrato permanente) ou no campo sentimental (por meio de um noivado ou de um compromisso).

No campo profissional, anuncia aquilo que foi estabelecido sobre bases sólidas, determina o que foi enraizado, pode render bons frutos, recompensa. Em termos gerais, aconselha voltar à natureza para recuperar a paz de espírito e a saúde física.

Interpretação da árvore em combinação com:

- 1. O cavaleiro: risco de doença por contágio, porém, se o consulente estiver doente poderá indicar recuperação da saúde. No campo profissional, início de um negócio rentável.
- 2. O trevo: a natureza traz felicidade, aconselha a buscar conforto e paz. A combinação fala ainda de fortuna, mas não de golpe de azar, mas sorte que se afiança e perdura.
- 3. O barco: O barco atua tal qual um nômade em comparação ao sedentarismo da árvore. Talvez o consulente busque longe o que se encontra muito próximo, sem precisar de deslocamento algum; é preciso interiorização, enraizar-se com seu autêntico ser.

- 4. A casa: a paz e a tranquilidade da família em contato com a natureza. Os laços ancestrais da família "não contaminadas" pelo ambiente nem pelas circunstâncias. Quando se refere a um lugar, indica uma casa de campo.
- 6. As nuvens: momento de apatia, impotência, inutilidade, desânimo.
- 7. A serpente: relação extraconjugal.
- 8. O ataúde: final inesperado de uma relação (familiar, amigável ou íntima) que parecia sólida. Estagnação que pode arruinar um projeto. Na área da saúde, essa combinação é positiva.
- 9. O ramalhete: momento de prosperidade, serenidade e harmonia. Tudo flui do jeito que tem de fluir.
- 10. A foice: o acúmulo de forças será necessário para suportar uma grande dor (seja ela física ou emocional).
- 11. O chicote: hora de assumir e buscar soluções para os conflitos profundamente enraizados.
- 12. Os pássaros: alerta acerca da saúde, provavelmente, um exame ou check-up que esteja postergando. Prestar atenção em qualquer mal-estar ou desconforto, não os deixe passar.
- 13. A criança: espiritualidade. Recomeço, novo caminho. Referência a um talento inato.
- 14. A raposa: nobreza natural corrompida pelas circunstâncias.
- 15. O urso: fortaleza interior.
- 16. As estrelas: um golpe de sorte ajudará a garantir um estado de serenidade e segurança em todas as áreas.
- 17. A cegonha: cura, recuperação, qualquer mudança determinante que marcará um antes e um depois na vida.
- 18. O cão: simboliza um conselheiro leal e prudente.
- 19. A torre: hospitalização ou imobilização de longa duração. Problemas na coluna vertebral.

- 20. O parque: necessidade de momentos de relaxamento e lazer para melhorar o estado de saúde física e mental.
- 21. A montanha: conflitos que vão abordar os princípios mais profundos e a própria escala de valores.
- 22. Os caminhos: vacilação. Oscilação das bases mais sólidas.
- 23. Os ratos: falta de energia, não se encontram razões para viver. Comportamento autodestrutivo. Vazio interior. Esterilidade.
- 24. O coração: relação profunda e estável, além do início de um namoro ou romance. Amor multidimensional (corpo, mente e alma).
- 25. O anel: energia benéfica, cura.
- 26. O livro: aprendizagem, sabedoria adquirida por meio da observação, maturidade e calma, fim da impulsividade.
- 27. A carta: receita médica. Tratamento.
- 30. Os lírios: serenidade e conforto alcançado graças a um amigo sincero.
- 31. O sol: crescimento espiritual, equilíbrio.
- 32. A lua: meditação. Busca espiritual. Crescimento.
- 33. A chave: mistério resolvido. Verdade que se aflora.
- 34. Os peixes: despesas médicas.
- 35. A âncora: a combinação da âncora com a árvore se refere à estabilidade por excelência. Fortaleza e segurança. Pisa-se sobre um terreno firme e com poder.
- 36. A cruz: sofrimento interno, doença (provavelmente hereditária).

6. As nuvens

6 - AS NUVENS

Essa carta representa o lado confuso, impenetrável. Anuncia obstáculos que retardarão o avanço. Perigo de bloqueios, tempo de dificuldades. Entretanto, não será tarde para que o panorama seja modificado. Iguais às nuvens, os problemas são transitórios e atravessam o céu por meio de um movimento contínuo. Embora nos impeçam de ver o sol, o astro rei não sai do seu lugar.

A confusão que anuncia essa carta indica que não é um bom momento para tomar decisões. Deve-se, igualmente, estar atento a possíveis maquinações, qualquer situação ambígua. Talvez seja necessário resolver certas questões o quanto antes.

No campo dos relacionamentos sentimentais, se prevê uma crise passageira provocada por algum mal-entendido. Vem relação a início de romance, alerta-se para possível confusão de sentimentos (confundir amizade com amor ou vice-versa).

Em relação a local de trabalho, é uma carta negativa: ambiente ruim, inimigo oculto, conflitos com colegas ou superiores, falta de motivação, insegurança, estresse.

Interpretação das nuvens em combinação com:

- 1. O cavaleiro: más notícias ou informação ambígua, confusa. Chegada de alguém que irá gerar conflitos no ambiente.
- 2. O trevo: é importante estar atento às oportunidades, talvez um excelente momento possa passar despercebido por não ser tão óbvio à primeira vista.

- 3. O barco: as nuvens são imprevisíveis e combinadas com O barco costumam falar de um estado de angústia temporal, de uma navegação sem rumo que precisa ser orientada.
- 4. A casa: momento de desgosto na família, mas que será passageiro.
- 5. A árvore: momento de apatia, impotência, inutilidade, desânimo.
- 7. A serpente: perante uma proposta, essa combinação aconselha a ponderar. Intriga que será descoberta a tempo.
- 8. O ataúde: caos emocional, estado depressivo, necessidade de ajuda que nunca chega.
- 9. O ramalhete: essa combinação fala de um episódio muito complicado, mas que será superado. Uma luz no fim do túnel começa a despontar para o consulente.
- 10. A foice: o passado regressa, não necessariamente para o bem. Assuntos não resolvidos, muito menos superados e que vão bater à porta.
- 11. O chicote: contradição. Pode também designar alguém de caráter violento. Anuncia perdas em processos judiciais.
- 12. Os pássaros: dúvidas em relação a uma situação ambígua são resolvidas, mas é provável que essa resolução traga muita tristeza.
- 13. A criança: desbloqueio de uma situação estagnada. Paixão passageira. Preocupações relacionadas a crianças ou menores que estejam sofrendo em segredo.
- 14. A raposa: aventuras sexuais.
- 15. O urso: aumentaram as carências, sensação de desamparo e vulnerabilidade.
- 16. As estrelas: situação que parecia insolúvel terá uma reviravolta positiva.
- 17. A cegonha: essa combinação fala de recomeços, de segundas oportunidades, de começar do zero e se reinventar. Talvez essa

renovação seja lenta e dolorosa para o consulente, porém as nuvens passam e tudo se esclarece. Paciência.

- 18. O cão: um amigo está em apuros, passa por problemas.
- 19. A torre: retiro voluntário para encontrar o equilíbrio e clarificar ideias ou tirar dúvidas.
- 20. O parque: complexo de inferioridade. Fobia social, embora se trate de um bloqueio passageiro.
- 21. A montanha: situação que piora cada vez mais.
- 22. Os caminhos: exaustão.
- 23. Os ratos: negligência que pode trazer graves consequências.
- 24. O coração: amor secreto. Ocultações e ambiguidades na relação entre o casal. Tensões temporárias no amor, pequenas decepções que podem ser resolvidas.
- 25. O anel: possível separação (no campo sentimental) ou suspensão (no campo profissional e econômico) momentânea por confusão ou dúvidas.
- 26. O livro: lembranças que causam ansiedade, sentimento de culpa. Confusão mental.
- 27. A carta: notícias importantes sendo adiadas. Contratempo que coloca obstáculos em qualquer plano.
- 30. Os lírios: disfunção sexual devido a problemas psicológicos.
- 31. O sol: visão clara e segura de um fato. Vitalidade.
- 32. A lua: instabilidade emocional, mudanças de humor, ciclotimia.
- 33. A chave: aconselha-se perseverança apesar da confusão do momento, o desenlace será justo.
- 34. Os peixes: preocupação econômica. Problemas financeiros, de liquidez (solucionáveis). Trabalho ocasional, temporário, que pode ser precário.

- 35. A âncora: recuperação do equilíbrio. As coisas são colocadas nos seus devidos lugares.
- 36. A cruz: desgaste, incapacidade de encontrar saída para uma situação preocupante. Quando se refere à área da saúde, pode indicar doenças relacionadas a problemas neurais.

7 - A SERPENTE

7. A serpente

É a carta das conspirações e da calúnia. Uma ameaça que permanecia oculta se aproxima lenta e misteriosamente, provém de alguém do seu entorno. O que motiva o possível traidor são os ciúmes, a inveja ou talvez a vingança.

Sem chegar ao extremo, pode também alertar sobre situações ambíguas que devam ser esclarecidas antes que se consolidem ou acerca de precauções perante hipocrisias e enganos. O consulente corre o risco de sucumbir a manipulações cotidianas. Profunda decepção no campo da amizade provocada por deslealdade.

No campo das relações sociais, recomenda-se cautela na hora de fazer novos amigos. No âmbito sentimental existe a possibilidade de infidelidade ou preocupações devido à ação de terceiros mal-intencionados. Enfim, tudo o que esteja relacionado a enganos e intrigas. Importante estar atento e estimular a astúcia.

Na saúde: jejum e purificação

Se a consulta é a respeito de negócios, a carta indica ações obscuras e adverte acerca de risco de concessão de empréstimos, investimento ou criação de sociedades (novamente a carta marca desconfiança ou, pelo menos, prudência).

Interpretação da serpente em combinação com:
- 1. O cavaleiro: anuncia traição ou alguém do entorno do consulente que esteja agindo com hipocrisia. Ações reprováveis, covardes. Aconselha-se desconfiar de conselhos aparentemente bem-intencionados.

- 2. O trevo: cobiça. Talvez o consulente esteja abusando de sua sorte. Cuidado! Essa combinação anuncia uma mudança, não precisamente para o bem. Também pode falar de uma estratégia (talvez polêmica) que dará bons resultados.
- 3. O barco: a combinação fala de momento introspectivo com emoções que se intensificam. Mais profundidade psicológica que levará a descobertas pessoais importantes.
- 4. A casa: adverte acerca de uma pessoa pouco confiável no entorno familiar (pode ser algum parente direto ou alguém próximo à família).
- 5. A árvore: relacionamento extraconjugal.
- 6. As nuvens: diante de uma proposta, essa combinação aconselha a prudência. Intriga que será descoberta a tempo.
- 8. O ataúde: apesar das aparências, essa é uma boa combinação, pois anuncia inimigos que se afastam. Ao representar uma personagem, refere-se a uma mulher de idade bem avançada.
- 9. O ramalhete: o consulente é objeto de inveja por parte de alguém próximo devido à sua felicidade ou por sua posição de destaque. Também pode referir-se a uma mulher de características não muito louváveis (tudo o que representa a serpente), mas que atua em favor do consulente e tem simpatia pelo mesmo.
- 10. A foice: essa combinação fala de um inimigo que pode ser muito perigoso. Descoberta de uma traição no passado.
- 11. O chicote: graves problemas causados por uma mulher vingativa e sem escrúpulos.
- 12. Os pássaros: feridas provocadas por palavras, abuso psicológico.
- 13. A criança: essa combinação indica superficialidade, frivolidade, falta de compromisso, promessas não cumpridas por imaturidade e irresponsabilidade.

- 14. A raposa: mulher manipuladora, mentirosa que trama contra o consulente. Assuntos obscuros.
- 15. O urso: inveja oculta e reprimida, perigosamente, por parte de um superior.
- 16. As estrelas: vitória perante intrigas e inimigos. A verdade brilhará apesar das tentativas de descrédito.
- 17. A cegonha: missão secreta. Compromisso que deve ser mantido oculto. Aparecimento inesperado de um inimigo na vida do consulente.
- 18. O cão: infidelidade. Deslealdade.
- 19. A torre: traição por parte de uma mulher mais velha. Problemas, mal-entendidos, deslealdade relacionada com a mãe ou com uma figura materna.
- 20. O parque: más companhias.
- 21. A montanha: inimigo disfarçado, adulador.
- 22. A estrada: dificuldades para tomar o controle de uma situação complexa.
- 23. Os ratos: há um traidor em seu entorno, difícil de ser reconhecido e desmascarado diante dos demais.
- 24. O coração: traição, infidelidade, triângulo amoroso, surgimento de um rival na relação.
- 25. O anel: as mentiras vão desgastando a união e podem culminar no desamor.
- 26. O livro: abuso de poder de alguém que se considera intelectualmente superior.
- 27. A carta: chegada de notícias perturbadoras. Informações ambíguas provocando embaraços, mal-estar.
- 30. Os lírios: mesquinhez. Servilismo.
- 31. O sol: boa ação interessada, manipulação com lisonja e encanto.

- 32. A lua: falsa promessa.
- 33. A chave: é a combinação de astúcia com inteligência, mas com resíduo de amoralidade.
- 34. Os peixes: bem-estar econômico, prosperidade que provoca inveja.
- 35. A âncora: surpresa desagradável.
- 36. A cruz: calúnias, difamações que podem trazer graves consequências ao consulente.

8 - O ATAÚDE

8. O ataúde

Essa carta fala de finalização, de algo que morre dentro de nós. Será necessário encerrar algo com dor, mas também a carta fala de recomeço, de renovação, de renascimento. Esse fim doloroso pode ser em qualquer área e referir-se à doença, depressão, incidente, litígio, perda (pessoal ou material), desemprego, falência, entre outros, ou pode ser um final voluntário (embora não menos doloroso), um final necessário acerca de situações tóxicas ou estagnadas (rupturas, abandonos, confrontos).

É hora de encarar a realidade e remediar. Essas mudanças drásticas (voluntárias ou impostas) trazem sofrimento, tristeza, cansaço e afetam psicologicamente o consulente. A carta aconselha a se cuidar, procurar ajuda se necessário, evitar cair em depressão profunda ou ter condutas autodestrutivas.

Sua mensagem é, portanto, equivalente ao do arcano da Morte no tarô tradicional e sua leitura é muito similar.

Interpretação do ataúde em combinação com:

- 1. O cavaleiro: mudança radical e repentina. Chegada de notícias preocupantes. Separação.
- 2. O trevo: destruição por causa de jogo ou de um investimento sem limites. Sorte contrária.
- 3. O barco: essa combinação fala de uma separação momentânea do casal ou de sócios.
- 4. A casa: mudança forçada por causa de assuntos familiares. Estagnação ou transformação intensa nas relações familiares

(pode estar relacionada a alguma situação extrema ou discussões que se prolongam).

- 5. A árvore: final inesperado de uma relação (familiar, amistosa ou íntima) que se apresentava sólida. Paralisação que pode arruinar um projeto. Na área da saúde, essa combinação é positiva.
- 6. As nuvens: caos emocional, estado depressivo, necessidade de ajuda que não chega. Positivamente, se assemelha a nuvens que se dissipam, e o caos se resolve.
- 7. A serpente: apesar das aparências, essa é uma boa combinação, pois anuncia o distanciamento de inimigos. Quando se refere a um personagem, representa uma mulher de idade avançada.
- 9. O ramalhete: falta de disciplina que acarretará em consequências negativas.
- 10. A foice: transformação drástica e repentina que pode ser benéfica em médio e longo prazo.
- 11. O chicote: caos interior, momento de confusão. Discrepâncias que se agravam e levam a uma separação.
- 12. Os pássaros: intrigas muito prejudiciais. Alerta sobre doenças psicossomáticas causadas por sofrimentos e problemas reprimidos. Pode indicar ainda momento de reflexão acerca da morte e da transitoriedade da existência.
- 13. A criança: essa combinação fala de um processo de maturação que pode ser doloroso, mas necessário. Falta de compromisso e entusiasmo. Também pode simbolizar uma criança fisicamente doente.
- 14. A raposa: perda, ruptura ou dispensa provocada por inveja ou ciúmes.
- 15. O urso: essa combinação simboliza a tirania, o maltrato, a agressividade. Também alerta acerca de investimento ou compra perigosa para as finanças do consulente.

- 16. As estrelas: mudança radical com excelentes resultados. Renascimento glorioso, embora, negativamente, signifique o fim de um sonho.
- 17. A cegonha: mudanças repentinas e inesperadas, difíceis de ser aceitas (provavelmente relacionadas a uma perda).
- 18. O cão: injustiça. Decepção. Traição por parte de um amigo.
- 19. A torre: prestar atenção à saúde. Alerta sobre uma doença grave ou situação de perigo por falta de prevenção. A combinação também pode se referir a problemas importantes com órgãos oficiais. Em se tratando de locais, a referência é para hospitais e clínicas.
- 20. O parque: na representação de lugar se refere a um cemitério. Também fala em recomeçar e relacionar-se socialmente. Quando na atualidade passa por um momento extrovertido e urbano, aconselha-se o retiro por um tempo e o desfrutar da natureza.
- 21. A montanha: realidade difícil de assumir, cuja aceitação leva ao afastamento de uma vida duvidosa e de más companhias. Imobilização e bloqueios provocados pelo medo. Esperanças frustradas.
- 22. Os caminhos: acontecimento negativo que coloca o consulente em uma encruzilhada inevitável. Deve-se tomar decisões taxativas.
- 23. Os ratos: grandes dívidas impossíveis de assumir quando as providências imediatas não são tomadas. Doença devido à falta de higiene ou de um ambiente insalubre.
- 24. O coração: amor não correspondido e que morre, desamor. Tristeza relacionada a sentimentos amorosos. No entanto, embora O ataúde ou coração determine um final, ainda assim há um aspecto de mudança e reinício. Provável chegada de novo amor, caso haja alguma ruptura.
- 25. O anel: final de uma restrição ou de um compromisso que pressiona, sufoca o consulente. Divórcio. Doença crônica.

- 26. O livro: doença desconhecida. Ressaca, doenças causadas pela vida desregrada e de excessos.
- 27. A carta: fim de algo importante, comunicado por escrito (demissão, divórcio).
- 30. Os lírios: apoio dos mais próximos em momentos delicados. Desamparo.
- 31. O sol: superação de ruína, de falência. Renascimento após uma fase negativa em qualquer área (reconciliação amorosa, florescimento de um negócio em declínio, emprego à vista). Negativamente, pode indicar bloqueio energético.
- 32. A lua: grave confusão mental que pode levar à doença, ao delírio. Sacrifício moral. Pesadelo.
- 33. A chave: projeto ruinoso. Precipitação (provavelmente no campo empresarial) com consequências graves.
- 34. Os peixes: acúmulo de dívida. Ruína, falência, miséria. Doença intestinal.
- 35. A âncora: o consulente se encontra imobilizado, sem capacidade de reagir, apático, fraco.
- 36. A cruz: essa combinação adverte de um perigo. Perda real ou metafórica (algo que morre devido a uma terrível decepção ou por exaustão emocional diante de duras provas). Doença com dores.

9 - O RAMALHETE

9. O ramalhete

Presentear alguém com um buquê de flores é sempre uma demonstração de cortesia, um gesto de delicadeza. É uma carta relacionada à elegância, sensibilidade, respeito, bom gosto e amabilidade. Determina uma atitude benevolente de alguém para o consulente. Anuncia um encontro romântico, prazeroso, além de presentes, prêmios. Essa carta é positiva, pois sua presença indica que qualquer situação negativa pode ser anulada, resultando em paz e harmonia. Trata-se do lado luminoso da vida, do puro e do amoroso. A mescla perfeita entre a estabilidade e a liberdade. Liberdade para gozar e também levar adiante qualquer tipo de projeto. É um momento de prosperidade no campo material e romantismo na área pessoal.

Quando a consulta aborda o campo profissional a resposta é sempre positiva; o consulente conta com o apoio de colegas e superiores. Se a pergunta é referente à saúde, essa carta aconselha sempre a busca na natureza ou nos métodos e recursos naturais para trazem o equilíbrio e ou a recuperação.

Interpretação do ramalhete em combinação com:

- 1. O cavaleiro: um reencontro inesperado que trará a felicidade. Notícias extraordinárias. Diversão em boa companhia. Vitória.
- 2. O trevo: um velho desejo quase esquecido se cumprirá.
- 3. O barco: feliz mudança de perspectiva.
- 4. A casa: comemoração familiar, otimismo e alegria no lar. Um membro da família viverá um momento glorioso.

- 5. A árvore: momento de prosperidade, serenidade e harmonia. Tudo flui do jeito que tem de fluir.
- 6. As nuvens: essa combinação fala de um episódio muito complicado, mas que será superado, talvez o consulente já tenha começado a ver uma luz no final do túnel.
- 7. A serpente: o consulente é o objeto de inveja por parte de alguém do seu entorno devido à sua felicidade ou posição de destaque.
- 8. O ataúde: falta de disciplina que trará consequências muito negativas.
- 10. A foice: perda repentina de emprego ou afeto.
- 11. O chicote: aconselha a manter a tranquilidade diante de um conflito, mas que finalmente será breve e insignificante.
- 12. Os pássaros: rumores apaziguados. Maledicência vencida. A verdade e a honestidade prevalecem.
- 13. A criança: pode indicar uma comemoração infantil. Uma simples gentileza, um detalhe. Se a consulta for sobre o campo econômico ou o trabalho pode se referir a um negócio pequeno, porém lucrativo. Pode também simbolizar a adoção de uma criança.
- 14. A raposa: êxito alcançado por meio de métodos antiéticos. Imoralidade produtiva. Prosperidade alcançada por manobras desonestas. Vitória conseguida injustamente.
- 15. O urso: relacionamento encantador com uma pessoa de mais idade. Pode também indicar a vitória em alguma questão jurídica.
- 16. As estrelas: essa combinação anuncia casamento, amor comprometido e muito romantismo. Também está relacionada à gravidez. Pode inclusive indicar fama e celebridade.
- 17. A cegonha: presente inesperado ou visita surpresa muito agradável. Pode indicar mudanças positivas propiciadas por um amigo. É a combinação de promoções, ascensões e contatos produtivos.

- 18. O cão: apoio de amigos nobres e leais. Cooperação, solidariedade.
- 19. A torre: recebimento de dinheiro por parte de algum órgão oficial: subsídios, indenizações, devoluções tributárias.
- 20. O parque: hora de relaxar, descansar, desfrutar das suas companhias favoritas, de seus melhores amigos, seus cúmplices. Convite para uma festa.
- 21. A montanha: esforço coroado de êxito.
- 22. Os caminhos: preocupação infundada. Ver problemas onde não há. Ver muros no lugar de portas.
- 23. Os ratos: subornos, coações. Presentes com interesses obscuros. As flores murcham e simbolizam a passagem dos momentos felizes.
- 24. O coração: quando aparecem juntos, O ramalhete e o coração, simbolizam o namoro, a sedução e a conquista.
- 25. O anel: contrato, casamento, felicidade sólida e duradoura. Culminação de um projeto complicado que exigiu longas horas de esforço.
- 26. O livro: confiança. O tempo mostra o caráter e determina a autoestima.
- 27. A carta: comunicação que leva à liberação de uma carga. Alívio.
- 30. Os lírios: combinação amigável, brilhante. A combinação fala de relações satisfatórias, de triunfo, momentos de grande alegria.
- 31. O sol: prêmio, recompensa. O consulente merece reconhecimento e gratificações que surgirão.
- 32. A lua: situação instável, mutante.
- 33. A chave: mudança muito positiva, provavelmente, desejada pelo consulente há muito tempo e que pode finalmente se materializar.

- 34. Os peixes: aumento de salário, gratificação, presente monetário.
- 35. A âncora: ajuda desinteressada, pontual e providencial de um amigo. Serve finalmente para atingir o objetivo desejado.
- 36. A cruz: se O ramalhete antecede a cruz o significado é negativo e geralmente se refere a ambições ou desejos frustrados, mas se aparece justamente depois da cruz indica a solução de problemas que pareciam, a princípio, insolúveis.

10 - A FOICE

10. A foice

Carta de advertência. Seja o que for, anuncia algo não muito bom na vida do consulente, que pode se manifestar de maneira inesperada. É hora de rever planos, estratégias e circunstâncias. Uma foice afiada pode cortar, suprimir, romper... até mesmo aquilo já considerado consolidado. Sua aparição significa aguçar a atenção.

No plano físico indica cuidado, especialmente com os objetos cortantes (anuncia um possível acidente por descuido).

No campo econômico indica extrema cautela ao fazer investimentos ou firmar parcerias. Qualquer tipo de decisão (seja em qualquer área), tomada sob a influência dessa carta, terá consequências permanentes e irreversíveis.

Por outro lado, é uma carta vinculada à área da saúde, muitas vezes se refere a procedimentos cirúrgicos e presságios de dor física. Fala igualmente de distúrbios emocionais: relações dolorosas, perdas, rupturas.

Interpretação da foice combinada com:

- 1. O cavaleiro: decisão definitiva, ruptura drástica com o passado. Acidente. Anúncio de uma cirurgia. Anulação repentina de um compromisso.
- 2. O trevo: surpresa desagradável. Ruptura inesperada.
- 3. O barco: cancelamento de uma viagem.
- 4. A casa: má combinação que fala de desocupação por ordem judicial ou perda de emprego. Indica ainda situação insustentável com a família, péssimo momento nas relações familiares.

- 5. A árvore: será necessário forças para suportar grande dor (física ou emocional).
- 6. As nuvens: o passado regressa, não precisamente para o bem. Assuntos não resolvidos e não superados que batem à porta.
- 7. A serpente: essa combinação fala de um inimigo muito perigoso. Descoberta de uma traição no passado.
- 8. O ataúde: transformação drástica e repentina que pode ser benéfica em meio ou longo prazo.
- 9. O ramalhete: perda repentina de emprego ou afeto.
- 11. O chicote: vingança. Luta inútil contra adversários poderosos.
- 12. Os pássaros: uma dúvida que surgirá repentinamente e deslocará por completo o consulente. Corte de comunicação.
- 13. A criança: surto psicológico provavelmente relacionado a um trauma de infância que desponta de repente.
- 14. A raposa: é hora de cortar as amizades perigosas.
- 15. O urso: anuncia o fim dos problemas financeiros graças à ajuda inesperada e rápida de uma pessoa poderosa e abastada.
- 16. As estrelas: o sofrimento atual é necessário para os momentos felizes que virão em um futuro não muito distante.
- 17. A cegonha: transferência indesejada ou mudança esperada, mas decepcionante (para um lugar pior ou que não será a gosto do consulente).
- 18. O cão: acontecimentos que levarão ao rompimento de uma amizade.
- 19. A torre: essa combinação pode ter uma interpretação específica na área da saúde e se referir a uma cirurgia inesperada e urgente. A combinção também fala de separação ou divórcio em definitivo.
- 20. O parque: sucesso inesperado na sociedade. Essa combinação pode ainda simbolizar novos contatos sociais que serão fúteis e decepcionantes.

- 21. A montanha: distúrbios emocionais ou psicológicos de certa gravidade. Necessidade de se afastar de pessoas cujo estilo de vida traz, muitas vezes, prejuízo, se quiser avançar e limpar o ambiente de influências negativas.
- 22. Os caminhos: pressentimento repentino e preocupante, talvez relacionado a problemas antigos que não foram ainda resolvidos.
- 23. Os ratos: ruptura repentina que estabelece o corte definitivo daquilo que mantém vínculos com o passado.
- 24. O coração: necessidade de adotar uma posição drástica em relação ao passado amoroso que ainda atormenta, ou em relação a um relacionamento atual que se encontra dolorosamente estagnado. Essa combinação simboliza os ciúmes. Mas, atenção, pois pode referir-se também a amor à primeira vista.
- 25. O anel: essa combinação geralmente diz respeito ao mundo dos relacionamentos e fala de crescente desinteresse recíproco, de desgaste que provavelmente levará à separação. Pode ser também interpretado na forma de uma traição.
- 26. O livro: o livro junto da foice fala de ressentimentos ocultos que surgem abruptamente e de forma inoportuna.
- 27. A carta: acontecimento impactante. Confissão inevitável.
- 30. Os lírios: exibicionismo, narcisismo extremo, sexualidade compulsiva e descontrolada.
- 31. O sol: corrupção evidente. Imoralidade de domínio público.
- 32. A Lua: impacto traumático com a realidade. Impossibilidade de manter o autoengano diante de evidências que surgem repentinamente e que não podem ser ignoradas.
- 33. A chave: oportunidade inesperada de colocar em prática um projeto antigo ao qual o consulente prontamente se rendeu. Coragem, determinação.

- 34. Os peixes: sentença negativa (provavelmente uma causa jurídica relacionada à econômica ou às finanças).
- 35. A âncora: só poderá sair do bloqueio financeiro por meio de uma decisão drástica e definitiva.
- 36. A cruz: uma desgraça inesperada que obrigará a assumir duros sacrifícios.

11 - O CHICOTE

11. O chicote

Essa carta representa as palavras que ferem, aquilo que é dito e ofende, e que não pode ser apagado depois de feito. Fala de disputas, agressões (geralmente verbais), ações judiciais, litígios entre parentes ou vizinhos (a impulsividade será fonte de conflito no ambiente mais próximo).

Ao se tratar de uma discussão nem sempre há uma interpretação negativa, pode ser uma troca estimulante e respeitosa de conceitos e opiniões. Não se trata de silenciar a própria opinião para evitar confrontos, mas sim de evitar o uso da palavra de forma irrefletida.

O chicote adverte acerca da fragilidade da comunicação, da linguagem tal qual um terreno fértil para os mal-entendidos, enfim, acerca dos riscos que implicam o uso negligente da palavra. Por isso, essa carta é associada frequentemente ao abuso psicológico e à manipulação. Quando se refere a uma pessoa específica é sempre para caracterizá-la cruel e instável, provavelmente, ressentida.

Interpretação do chicote em combinação com:

- 1. O cavaleiro: provocação. Luta importante provocada por notícias inesperadas. Pode também indicar mediação em uma disputa.
- 2. O trevo: desacordo inferior. Golpe de sorte. Gestão afortunada, mas de quantia insignificante.
- 4. A casa: violência na família, problemas que envolvem a todos, perde-se a harmonia e aparecem fissuras. Mesquinhez, lutas e censuras.
- 5. A árvore: chega a hora de assumir e tentar encontrar soluções para os conflitos profundamente enraizados. Pode ainda se referir aos conflitos internos.

- 6. As nuvens: contradição. Pode também designar alguém de caráter violento. Anuncia perdas em processos judiciais.
- 7. A serpente: problemas graves causados por uma mulher vingativa e sem escrúpulos.
- 8. O ataúde: caos interior, momento de confusão. Discrepâncias que se agravam e levam à separação.
- 9. O ramalhete: determina manter a tranquilidade diante de um conflito que finalmente será curto e insignificante.
- 10. A foice: vingança: luta inútil contra adversários poderosos.
- 12. Os pássaros: desacordo que levará a um confronto (pode até haver agressão física). Brigas com fortes reprovações e tumulto.
- 13. A criança: disputas por motivos infantis. Pode referir-se a duas crianças que divergem continuamente. Relação complexa com uma criança também.
- 14. A raposa: a palavra feito arma oculta em forma de mentira perniciosa. Baixos instintos.
- 15. O urso: a combinação do urso e o chicote simboliza a competitividade agressiva, a arrogância, a severidade. A violência de gênero.
- 16. As estrelas: se o chicote vem acompanhado da estrela haverá disputa, conflito, batalha, mas qualquer combate desfrutará de uma trégua.
- 17. A cegonha: uma mudança imprevista será fonte de discussões.
- 18. O cão: essa combinação tem duas possíveis interpretações completamente opostas: uma inesperada resposta carregada de severidade por parte de alguém muito querido, ou uma pessoa querida e imparcial evitará o conflito no ambiente do consulente.
- 19. A torre -- mais uma vez a combinação fala de uma interpretação específica na área da saúde: transtorno neurológico grave. Também indica conflitos legais.

- 20. O parque: O parque junto ao chicote pode representar a figura de um professor. Referência a fóruns, debates, assembleias e até mesmo greves. E há uma terceira interpretação possível, aplicável a qualquer área: imprudência ou indiscrição.
- 21. A montanha: o consulente irá acumular adversários, competir com várias frentes por sua vez. Talvez a situação seja o resultado da própria impulsividade descontrolada.
- 22. Os caminhos: escolha errada.
- 23. Os ratos: discussão com possíveis consequências nefastas que devem ser evitadas a todo custo. Prática de um crime.
- 24. O coração: erro imperdoável, uma falta difícil de ser superada pode acabar com um relacionamento.
- 25. O anel: forte discussão entre cônjuges ou sócios a propósito de uma situação confusa provocada por mal-entendidos ou ambiguidades (problemas de comunicação).
- 26. O livro: divulgação de segredos, traição de confiança, decepção em relação a um confidente. Vida repleta de segredos.
- 27. A carta: essa combinação pode simbolizar uma denúncia.
- 30. Os lírios: momento de alívio e serenidade após superar uma dura provação ou viver uma situação dolorosa.
- 31. O sol: trata-se da combinação de reconciliações. Fala igualmente da realização de alcançar o sucesso merecido e esperado de forma paciente e há tempos. Dependendo da carta tirada (se é uma tiragem ampla com mais cartas circundantes) pode ter uma interpretação negativa.
- 32. A lua: divergências e conflitos com a mãe ou mulher da família. Desesperança.
- 33. A chave: essa combinação representa um grande conflito, mas é daí que o consulente pode tirar uma lição valiosa ou fornecer elementos para uma vitória no futuro.

- 34. Os peixes: pausa, atraso em assuntos empresariais ou de trabalho. Disputas por questão de dinheiro.
- 35. A âncora: posição firme que gera conflito.
- 36. A cruz: essa combinação diz respeito a um castigo merecido em que o consulente possa ser sujeito ou objeto.

12. Os pássaros

12 - OS PÁSSAROS

Os pássaros representam as ideias obsessivas, os pensamentos circulares. É uma carta que fala do stress psicológico, do sofrimento emocional, dos problemas de concentração, entre outros. O consulente vive ou está a ponto de experimentar situações perturbadoras que lhe causarão ansiedade. Ele não é responsável direto nem o culpado por tais situações, é provável que seja o resultado de acusações infundadas, de calúnia e inveja. Com essa imagem o baralho adverte sobre pessoas hipócritas, falsas e controladoras que estejam envolvidas em competentes disfarces que rodeiam o consulente sem levantar a menor suspeita.

Em algumas versões, ao invés de pássaros, aparecem corujas de modo que também se associa essa carta à sabedoria, ao estudo, aprendizagem e colateralmente ao trabalho. Nas leituras atuais, essa imagem de pássaros ou corujas vincula-se à comunicação telefônica pela chegada de notícias, ofertas e as chamadas enganosas.

Interpretação dos pássaros em combinação com:

- 1. O cavaleiro: problemas, dificuldades em viagens ou traslados. Uma chamada com notícias surpreendentes e emocionantes. Intriga, críticas, falatórios.
- 2. O trevo: preocupações infundadas. Mudança de humor.
- 3. O barco: ansiedade pela espera de notícias que chegam de longe. Viagens com problemas e imprevistos.
- 4. A casa: essa combinação fala de um lar tumultuado, pode referir-se a famílias numerosas ou de qualquer tipo, mas com

membros apaixonados e expressivos. Referência ao acúmulo de pequenos problemas.

- 5. A árvore: essa combinação alerta sobre a saúde, provavelmente se refere a um exame ou check-up que foi adiado. Vale prestar atenção inclusive a pequenos desconfortos, não se deve desprezá-los.
- 6. As nuvens: as dúvidas são resolvidas, uma situação ambígua pode ser esclarecida, mas é provável que traga muita tristeza.
- 7. A serpente: ofensas dirigidas ao consulente, maltrato psicológico.
- 8. O ataúde: intrigas, confusões. Alerta de doenças psicossomáticas provocadas por sofrimento e problemas reprimidos. Também pode indicar que o consulente passe por um momento de reflexão acerca da morte e da transitoriedade da existência.
- 9. O ramalhete: rumores apaziguados. Boatos vencidos. A verdade e a honestidade prevalecem.
- 10. A foice: uma dúvida que surge repentinamente e desloca o consulente por completo. Corte de comunicação.
- 11. O chicote: desacordo que leva a um confronto (podendo até mesmo incluir agressão física). Brigas repletas de reprovações e muito tumulto.
- 13. A criança: essa combinação pode referir-se a certos julgamentos que incriminam as crianças, argumentos ingênuos. Situação de ansiedade que o consulente enfrenta com imaturidade. Preocupação, angústia relacionada a uma criança.
- 14. A raposa: vícios, mesquinhez, ofensas, deslealdade. Persuasão.
- 15. O urso: preocupação com uma figura paterna (talvez um avô).
- 16. As estrelas: essa combinação simboliza os dons psíquicos (clarividência, telepatia, clariaudiência). Refere-se ainda ao pensamento abstrato e às chamadas ciências ocultas.
- 17. A cegonha: pequenas mudanças. Excursão.

- 18. O cão: um amigo inspirador que estimula a troca de ideias e um processo criativo.
- 19. A torre: ansiedade e estresse provocados por uma figura autoritária ou por qualquer assunto legal, oficial, burocrático ou hipocondríaco. Pode também se referir à falta de contundência em um momento em que se exige firmeza. Sensacionalismo, escândalo, rumores por interpretação maliciosa de uma vida solitária.
- 20. O parque: escândalo público.
- 21. A montanha: estresse por trabalho acumulado ou atrasos no prazo de entrega. Ansiedade diante da concorrência no trabalho. Nesse caso, a montanha também pode simbolizar grande problema para o consulente ao sentir-se bloqueado pelo medo.
- 22. Os caminhos: insegurança diante de dados contraditórios.
- 23. Os ratos: abuso. Recepção de algum anônimo ameaçador ou desagradável (por escrito ou por telefone).
- 24. O coração: essa combinação pode fazer referência direta a esse órgão e falar de problemas cardíacos causados pelo estresse. Em sentido geral, aconselha repensar os relacionamentos instáveis, que são fonte de agitação e ansiedade. Pode referir-se também a galanteios passageiros e aventureiros.
- 25. O anel: acordo verbal.
- 26. O livro: a combinação livro mais pássaros se refere à interpretação mencionada anteriormente, em que se associa os pássaros à aprendizagem e ao estudo. Indica habilidades intelectuais e talento para o estudo e pesquisas.
- 27. A carta: uma surpresa desagradável. Uma mensagem ambígua que provoca incerteza. Advertência a respeito de documentos falsos, fraudulentos.
- 30. Os lírios: pode contar com a devoção, com a proteção de alguém que será chave para a solução de um problema.

- 31. O sol: chegada de um esclarecimento oportuno que será definitivamente útil em um conflito. Evolução mental.
- 32. A lua: má reputação. Difamação.
- 33. A chave: dúvidas que têm provocado muita preocupação serão eliminadas.
- 34. Os peixes: incerteza financeira acompanhada de profunda ansiedade.
- 35. A âncora: obsessão, ideias fixas e circulares em torno de um problema que pode levar a uma crise nervosa.
- 36. A cruz: propensão à preocupação e pensamentos catastróficos. Essa combinação simboliza o caráter pessimista.

13 - A CRIANÇA

13. *A criança*

Essa é a carta da inocência e dos sentimentos espontâneos, sinceros e puros. Fala sobre diversão e naturalidade, confiança e desfrutar o presente. Enfim, todas as qualidades associadas à infância. Pode referir-se diretamente a uma gravidez ou a um nascimento.

Representa as crianças, os filhos e todos os jovens que fazem parte da vida do consulente. Anuncia jogos, diversão, excursões, enfim, tudo o que está relacionado à despreocupação. Também está associada metaforicamente à inovação, aos recomeços, aos empreendimentos, a algo que nasce, uma criação talvez, regeneração espiritual. Os projetos – tanto pessoais quanto profissionais – não terão tanto êxito. Quando se refere ao campo do amor, marca relações com pessoas muito mais jovens, e, possíveis crises por causa das diferenças energéticas e do momento vital.

Essa carta ainda fala das belas memórias, do reaparecimento de amigos da infância; é a carta da nostalgia. Talvez o passado esteja influenciando de maneira direta no momento presente do consulente.

Interpretação da criança em combinação com:

- 1. O cavaleiro: chegada de uma criança (pode ser um nascimento), gravidez, vitalidade, boas perspectivas para algo que esteja apenas começando ou prestes a iniciar.
- 2. O trevo: novidade afortunada que trará bênçãos. Situação favorável ao recomeço.
- 3. O barco: viagem curta, porém muito agradável e divertida.
- 4. A casa: nostalgia, lembranças.

- 5. A árvore: espiritualidade. Recomeço, novo caminho. Também pode referir-se a um talento inato.
- 6. As nuvens: desbloqueio de uma situação estagnada. Paixão passageira. Fala também de preocupações com crianças que estejam sofrendo em segredo.
- 7. A serpente: essa combinação indica a superficialidade, frivolidade, falta de compromisso, promessas não cumpridas por imaturidade e irresponsabilidade.
- 8. O ataúde: essa combinação fala de um processo de maturação que pode ser doloroso, mas necessária. Falta de compromisso e entusiasmo. Pode igualmente simbolizar uma criança fisicamente doente.
- 9. O ramalhete: pode indicar uma celebração infantil. Um simples favor, um detalhe. Se a consulta for acerca da área econômica ou profissional pode referir-se a um negócio pequeno, mas saudável. Pode também simbolizar a adoção de uma criança.
- 10. A foice: surto psicológico provavelmente relacionado a um trauma de infância surgido repentinamente.
- 11. O chicote: disputas por motivos infantis. Pode referir-se a duas crianças que briguem continuamente. Existência de uma relação complexa com uma criança.
- 12. Os pássaros: essa combinação pode referir-se às questões em que as crianças mais pecam, argumentos ingênuos. Situação que provoca ansiedade e pela qual o consulente enfrenta, sem maturidade. Preocupação, angústia relacionada a uma criança.
- 14. A raposa: caso de adultério com um amante mais jovem. Essa combinação também previne adulação manipuladora, ignorada por ingenuidade.
- 15. O urso: a combinação urso-criança simboliza o amor de pai. Também pode indicar uma atitude protetora relacionada às crianças, à proteção ao menor ou o apoio por parte de um amigo de infância.

- 16. As estrelas: momentos felizes que envolvem crianças. Gravidez desejada. Início de um período feliz que será duradouro. Carreira que progride, despreocupação.
- 17. A cegonha: pode significar gravidez, nascimento. Por extensão e num sentido mais geral, pode referir-se a uma mudança muito positiva carregada de possibilidades criativas e renovadoras. No mundo dos negócios, novos projetos ambiciosos e bem estimulantes.
- 18. O cão: renovação da vida social, novo círculo de amigos. Indica ainda o aparecimento de um animal de estimação na vida do consulente ou ainda alguma relação de profunda amizade, de cumplicidade inesperada com alguém muito jovem.
- 19. A torre: problemas legais relacionados a menores. A combinação torre-criança também pode representar alguma instituição de ensino ou referir-se a um filho único ou a irmãos com grande diferença de idade.
- 20. O parque: notícias felizes, momentos lúdicos e divertidos como um parque cheio de crianças; pode referir-se literalmente a atividades infantis: acampamentos, excursões, ludotecas. Essa combinação pode, igualmente, simbolizar uma pequena empresa dedicada a alguma atividade com o público.
- 21. A montanha: junto com a criança pode falar de uma infância dura, de uma criança de personalidade difícil. Em uma interpretação mais geral, indica reinício após superação de obstáculos.
- 22. Os caminhos: decisão irresponsável, comportamento imaturo que leva a escolhas erradas.
- 23. Os ratos: perda não tão grave; também indica ingenuidade que pode chegar à estupidez. Outra interpretação seria um filho não desejado.
- 24. O coração: relação que há pouco iniciada ou que está prestes a emergir. Boa sintonia com as crianças, amor pela infância.

- 25. O anel: um presente importante para uma criança, um favor sonhado.
- 26. O livro: fala da educação de crianças, de escola, das primeiras aprendizagens. Representa um estudante. Essa combinação refere-se ainda a algum segredo relacionado à criança: um pai desconhecido ou adoção sem prévio conhecimento e ou explicação.
- 27. A carta: correspondência com uma pessoa muito jovem. Notícias de alguém da infância.
- 30. Os lírios: os lírios junto com a criança falam de sentimentos honestos e equilibrados. Podem se referir a uma criança feliz e adaptada que cresce em harmonia familiar e escolar.
- 31. O sol: algo novo tem início, com muita força e energia. Referência a um bebê radiante, saudável e feliz. Alguns consideram uma combinação de arte, de criação.
- 32. A lua: a combinação criança-lua simboliza a maternidade.
- 33. A chave: a solução de algum problema psicológico é encontrado após a descoberta de que sua origem está na infância. A combinação também diz respeito a projetos recém-nascidos que precisam de amadurecimento.
- 34. Os peixes: essa combinação se refere a uma pequena quantia em dinheiro.
- 35. A âncora: os esforços serão recompensados, ou o consulente deve recompensar algum esforço alheio.
- 36. A cruz: a criança acompanhada da cruz fala de crianças infelizes, do sofrimento de inocentes.

14. A raposa

14 - A RAPOSA

O inimigo aguarda escondido, é necessário ser mais esperto que ele. Alguém do entorno tentará confundir o consulente. A raposa é a carta do engano, do adultério, da infidelidade, do roubo, de tudo o que está relacionado à falsidade, à impostura. Normalmente, simboliza uma figura de personalidade fascinante, alguém muito perspicaz e imoral, que inspira cautela, cuidado. Por isso, é preciso primeiramente identificar a pessoa, porém não será fácil, pois se trata de alguém esperto que sabe como encobrir suas intenções, inclusive pode parecer o mais confiável dos amigos.

Essa carta adverte acerca de intrigas, conspirações e definitivamente sobre manobras astutas e ocultas, não somente no campo das relações pessoais, mas também no campo profissional e financeiro. Podem ser de pequeno alcance, sem muita importância, mentiras de consequências leves, ou grandes traições, deslealdades surpreendentes e devastadoras.

Interpretação da raposa em combinação com:

- 1. O cavaleiro: alguém próximo do consulente está a ponto de enganar ou roubá-lo. Notícias falsas. Notícias distorcidas a fim de manipulá-lo. Essa combinação pode também representar um viajante, comerciante ou vendedor ambulante.
- 2. Trevo: sorte, mas, às vezes, você tem de olhar para ele, e essa combinação indica que você pode encontrá-lo se usar sua inteligência. O adversário tem a perder.
- 3. O barco: negócios obscuros.

- 4. A casa: traição entre os membros da família.
- 5. A árvore: nobreza natural corrompida pelas circunstâncias.
- 6. As nuvens: aventuras sexuais.
- 7. A serpente: mulher manipuladora e mentirosa que trama contra o consulente. Assuntos obscuros.
- 8. O ataúde: perda, ruptura ou dispensa provocada por inveja ou ciúmes.
- 9. O ramalhete: sucesso alcançado por métodos antiéticos. Imoralidade produtiva. Prosperidade alcançada por meio de manobras desonestas. Vitória conseguida de modo desleal.
- 10. A foice: é hora de cortar amizades perigosas.
- 11. O chicote: a palavra tal qual arma oculta sob a forma de mentira. Baixos instintos.
- 12. Os pássaros: vícios, discussões, mesquinhez, ofensas. Persuasão.
- 13. A criança: caso de adultério com um amante mais jovem. Essa combinação também previne adulação manipuladora ignorada por ingenuidade. Uma interpretação mais amigável fala de mentiras inocentes.
- 15. O urso: a situação da consulta dará um giro de 180 graus. Abuso de poder.
- 16. As estrelas: nessa combinação o mundo de sonhos e desejos se mistura com o mundo do ilícito.
- 17. A cegonha: essa combinação indica que nesse momento seria um erro mudar algo.
- 18. O cão: amigo com segundas intenções. Ingratidão. Abuso de confiança.
- 19. A torre: prisão, isolamento (pode ter um sentido metafórico).
- 20. O parque: a combinação raposa-jardim indica más companhias. Aconselha refletir acerca das amizades recentes.

- 21. A montanha: relação perigosa que vai levar a muitas complicações e impedir o progresso em qualquer área da vida do consulente.
- 22. Os caminhos: relação ambígua.
- 23. Os ratos: é a combinação da desonestidade, dos truques sujos, da cobiça a qualquer preço, da imoralidade. Mais concretamente, pode indicar uma possível perda de propriedade.
- 24. O coração: infidelidade, adultério, promiscuidade. Relação simplesmente sexual e ilícita fora do casamento.
- 25. O anel: o anel junto com a raposa pode indicar bigamia, vida dupla.
- 26. O livro: inimigo oculto.
- 27. A carta: correspondência com um amante. Correspondência que supõe uma traição.
- 30. Os lírios: atração sexual. Falso apoio, falsa proteção.
- 31. O sol: vitória sobre adversários ardilosos e traiçoeiros.
- 32. A lua: a lua acompanhada da raposa fala de uma calúnia que pode trazer consequências desastrosas quando não se resolve a tempo. Subterfúgios. Chantagem.
- 33. A chave: a combinação chave-raposa simboliza plágio ou falsificação.
- 34. Os peixes: ambição, avareza, materialismo. Enriquecimento em detrimento de outros.
- 35. A âncora: desonestidade, armadilhas e subterfúgios. Assédio moral.
- 36. A cruz: uma grave decepção, crise em um relacionamento extraconjugal.

15. O urso

A figura robusta desse animal representa um homem enérgico, apaixonado e honesto que esbanja vitalidade. Pró-ativo e empreendedor, de inteligência construtiva alcançada com sucesso por meio da perseverança e da determinação. Por trás de sua aparente frieza se esconde um instinto protetor. É o pai, mas também pode simbolizar o chefe, um homem do direito, um agente da bolsa, entre outros. Quando representa um amante, fala sobre fogosidade e virilidade.

Representa características: força e independência (independência pessoal injustamente mesclada com possessividade em relação aos demais). Em termos profissionais marca a necessidade ou o desejo de mudar de emprego para trabalhar por conta própria ou na condição de autônomo. No campo econômico reflete na estabilidade e na aquisição de imóveis. Em geral, essa carta fala de tranquilidade, apoio, confiança e força.

Interpretação do urso em combinação com:

- 1. O cavaleiro: resolução de problemas pela intervenção de uma figura de autoridade ou de uma pessoa influente e poderosa.
- 2. O trevo: ganhos relativos a um homem generoso e leal.
- 3. O barco: durante uma viagem ou devido a uma mudança o consulente passa a conhecer alguém que definitivamente marcará sua existência. Progresso obtido por meio de constância.
- 4. A casa: simboliza o pai. Autoridade, tradição, costumes. Pode também indicar conservadorismo excessivo no lar.

- 5. A árvore: fortaleza interior.
- 6. As nuvens: elas aumentaram as lacunas, o sentimento de impotência, de vulnerabilidade.
- 7. A serpente: inveja oculta e perigosamente reprimida por parte de um superior.
- 8. O ataúde: essa combinação simboliza a tirania, o maltrato, a agressividade. Alerta igualmente para investimentos ou alguma compra perigosa para as finanças do consulente.
- 9. O ramalhete: relacionamento feliz com uma pessoa mais velha. Vitória sobre alguma questão jurídica.
- 10. A foice: anuncia o fim dos problemas financeiros graças à ajuda inesperada e rapidez de uma pessoa poderosa e abastada.
- 11. O chicote: a combinação do urso e do chicote simboliza a competitividade agressiva, a arrogância e a severidade. A violência de gênero.
- 12. Os pássaros: preocupação com uma figura paterna (talvez um avô).
- 13. A criança: a combinação urso-criança simboliza o amor de pai. Também pode indicar uma atitude protetora em relação às crianças, como proteção ao menor ou referir-se à ajuda e ao apoio por parte de um amigo de infância.
- 14. A raposa: situação na qual a consulta dará um giro de 180 graus. Abuso de poder. Esse termo não está apropriado na frase
- 16. As estrelas: As estrelas e o urso falam da paciência recompensada, da colheita tardia, mas abundante. Refere-se ainda à solidariedade, a um apoio significativo.
- 17. A cegonha: determinação, ação produtiva que trará estabilidade. Pode referir-se a um chefe novo, a um bom líder, que lhe dará apoio e encorajamento.

- 18. O cão: as qualidades associadas a ambos os animais são exacerbadas quando aparecem em combinação: força, nobreza, perseverança, lealdade, coragem, entre outros.
- 19. A torre: confiança depositada acertadamente numa pessoa digna e sincera. Também pode representar um cargo de confiança em qualquer instituição do Estado ou do setor bancário.
- 20. O parque: recompensa. Encontro e início de uma possível relação de amizade com um personagem importante.
- 21. A montanha: se o urso vai acompanhado da montanha representa um adversário temível.
- 22. Os caminhos: pedir conselho a alguém que considere sábio, justo e honesto antes de tomar qualquer decisão ou de fazer uma escolha.
- 23. Os ratos: doença de uma figura paterna ou de um homem mais velho e próximo. Perda de poder e de confiança.
- 24. O coração: representa um pretendente de idade mais avançada ou comprometido. Também fala de ídolos, de personagens admirados e que servem de inspiração (geralmente fala do entorno do consulente em vez de personagens públicos).
- 25. O anel: a combinação urso-anel marca uma assinatura importante.
- 26. O livro: estratégia bem-sucedida.
- 27. A carta: proposta comercial. Correspondência bancária.
- 30. Os lírios: é a combinação da generosidade de espírito, também da virilidade.
- 31. O sol: proteção poderosa. Completo domínio de si mesmo.
- 32. A lua: o urso acompanhado da lua não simboliza proteção, mas sim tensão, possessividade, talvez autoritarismo.

- 33. A chave: a chave traz a força do urso, um aspecto de ambição. Na forma de presságio indica que o destino do consulente está nas mãos de um personagem poderoso.
- 34. Os peixes: vida próspera, opulência, contatos com gente muito rica.
- 35. A âncora: segurança financeira. Justiça.
- 36. A cruz: duras provas que devem ser enfrentadas com coragem para evitar a depressão.

16. As estrelas

16 - AS ESTRELAS

É um das melhores cartas desse baralho. Carta muito positiva, equivalente em muitos aspectos à estrela do tarô tradicional. A noite é tranquila e a suave luz das estrelas indica Os caminhos certo e o abençoa. Nesse novo cenário, o consulente pode atingir seu pleno potencial. Uma profunda paz brota em seu interior e sente que tudo flui do jeito que deveria.

Os presságios que traz essa carta, seja em qual área for, são sempre favoráveis. Fala de sucesso no campo profissional e êxtase no amor. Os desejos são cumpridos, as portas se abrem e as curvas se endireitam de repente. Não há obstáculos no caminho dos sonhos. Essa carta marca o início de uma fase muito feliz, cheia de bem-estar, humor, beleza e harmonia. Na área do trabalho, promoções e atmosfera agradável.

Seu significado também pode estar relacionado à espiritualidade, ao esoterismo e aos dons psíquicos.

Interpretação das estrelas em combinação com:

- 1. O cavaleiro: oportunidade inesperada para solucionar certos problemas. Mensagem de esperança. Chegada de inspiração (bloqueios artísticos). Também pode prever a chegada de alguém famoso na vida do consulente.
- 2. O trevo: golpe de sorte.
- 3. O barco: o sucesso levará tempo, mas quando chegar será duradouro.
- 4. A casa: a chegada de um hóspede ou de um visitante muito agradável que trará alegria e novos ares para o lar.

- 5. A árvore: um golpe de sorte vai ajudar a garantir um estado de serenidade e segurança em todas as áreas.
- 6. As nuvens: situação que parecia insolúvel dará um giro positivo.
- 7. A serpente: vitória sobre fofocas e inimigos. A verdade brilhará apesar das tentativas de descrédito.
- 8. O ataúde: mudança radical com excelentes resultados. Renascimento glorioso, embora possa ter uma leitura negativa: fim de um sonho.
- 9. O ramalhete: essa combinação anuncia casamento, amor comprometido e muito romântico. Também está relacionada à gravidez. Pode também indicar fama e celebridade.
- 10. A foice: o sofrimento atual é necessário para os momentos felizes que chegarão em futuro não muito distante.
- 11. O chicote: se o chicote vai acompanhado da estrela há disputa, conflito ou qualquer contenda sobre a qual o consulente desfrutará de uma trégua.
- 12. Os pássaros: essa combinação simboliza os dons psíquicos (clarividência, telepatia). Também se refere ao pensamento abstrato e às chamadas ciências ocultas.
- 13. A criança: momentos felizes que envolvem crianças. Gravidez desejada. Início de um período feliz que será duradouro. A carreira progride, momento de despreocupação.
- 14. A raposa: nessa combinação o mundo dos sonhos e desejos se mistura com o mundo do ilícito.
- 15. O urso: As estrelas e o urso falam de paciência recompensada, de colheita tardia, mas abundante. Fala de solidariedade, de apoio significativo.
- 17. A cegonha: mudança acompanhada de sucesso. Mudança positiva que se cristalizará imediatamente. É um bom momento para iniciar novo projeto.
- 18. O cão: proteção leal e oportuna por parte de um amigo.

- 19. A torre: aposentadoria suave e feliz que trará momentos de prazer e harmonia.
- 20. O parque: combinação relacionada com o desfrute de espetáculos de qualidade. Também pode representar uma sociedade esotérica.
- 21. A montanha: acontecimento inesperado que trará bons presságios e melhora, notavelmente, à conjuntura do assunto tratado.
- 22. Os caminhos: diante de um dilema a intuição o levará ao sucesso.
- 23. Os ratos: essa combinação pode representar a morte dos sonhos, igualmente a falta de ideias, de clareza nos objetivos, o fracasso em algum projeto muito querido.
- 24. O coração: culminação de um desejo sentimental. Um sonho amoroso cumprido. Chegada de um companheiro esperado ou regresso de um amor que se distanciou.
- 25. O anel: união sólida e feliz.
- 26. O livro: essa combinação se refere à adivinhação, aos oráculos.
- 27. A carta: revelação determinante.
- 30. Os lírios: a combinação lírios-estrela simboliza o magnetismo pessoal, o atrativo irresistível.
- 31. O sol: abundância, riqueza, prosperidade. Vitória surpreendente.
- 32. A lua: desejo concedido.
- 33. A chave: a inspiração abre as portas da criatividade. Perseverança recompensada.
- 34. Os peixes: herança considerável, lucros significativos que não são produto de esforço, mas sim de acontecimentos desastrosos e extraordinários.
- 35. A âncora: realizações, retiro de paz, de segurança.
- 36. A cruz: alívio, obstáculo facilmente superado quando aplicado à criatividade.

17 - A CEGONHA

17. A cegonha

A primeira associação que vem à mente quando se observa essa carta é a chegada de uma criança ao mundo, o nascimento, e essa é uma interpretação que contempla o baralho de Lenormand. Essa mesma ideia pode ser estendida metaforicamente a outros significados possíveis igualmente percebidos no baralho original. Seria assim uma carta que fala de criatividade, de projetos de longo prazo, de fertilidade em qualquer campo, novos ciclos, transferências, transformações importantes.

Seu aparecimento marca uma etapa carregada de novidades e experiências enriquecedoras. As cartas que a acompanham determinam grandes mudanças. Embora seja uma carta essencialmente positiva, combinada com outras pode anunciar mudanças dolorosas ou prejudiciais. Mas em geral seu aparecimento não deve ser motivo de preocupação: o que está mal será superado e o que está bem se renovará, ou até mesmo será analisado de outra forma.

A cegonha ainda está associada a longas viagens, e, ao aparecimento dessa carta numa tiragem, dependendo de sua posição de acompanhantes, pode anunciar exatamente isso: longa viagem ou algo (alguém) que virá de muito longe.

Interpretação da cegonha em combinação com:

- 1. O cavaleiro: mudança de cidade, notícias que chegam de longe. Viagem de avião.
- 2. O trevo: acontecimento afortunado relacionado a mudanças na rotina cotidiana. Boa oportunidade que exige reação imediata para ser aproveitada.

- 3. O barco: transferência para o exterior ou regresso, caso o consulente viva fora do país de origem.
- 4. A casa: essa combinação indica que algum membro da família vai sair de casa, ou que em breve haverá novo integrante.
- 5. A árvore: cura, recuperação, qualquer mudança determinante que marcará um antes e um depois na vida.
- 6. As nuvens: essa combinação fala de recomeços, de segundas oportunidades, do começar do zero e reinventar-se. Talvez essa renovação seja lenta e um pouco dolorosa ao consulente, mas as nuvens cinzentas passarão e o panorama será esclarecido. Paciência.
- 7. A serpente: missão secreta. Tarefa que deve ser mantida em sigilo. Súbito aparecimento de um inimigo na vida do consulente.
- 8. O ataúde: mudanças bruscas e inesperadas, de difícil aceitação (provavelmente relacionadas a uma perda).
- 9. O ramalhete: um presente inesperado ou uma visita surpresa muito agradável. Mudanças positivas trazidas por um amigo: é a combinação de promoções, ascensões, contatos produtivos.
- 10. A foice: transferência indesejada ou esperada, mas decepcionante (para um lugar que não será do agrado do consulente).
- 11. O chicote: uma mudança imprevista será uma fonte de discussões.
- 12. Os pássaros: pequenas instabilidades. Excursão.
- 13. A criança: pode significar gravidez, nascimento. Por extensão e em sentido mais geral, pode referir-se a uma mudança positiva carregada de possibilidades criativas e renovadoras. No mundo dos negócios, novos projetos ambiciosos e bem estimulantes.
- 14. A raposa: essa combinação indica que nesse momento seria um erro mudar algo.

- 15. O urso: determinação, ação produtiva que trará estabilidade. Refere-se também a um chefe novo, a um bom líder, que lhe dê apoio e estímulo.
- 16. As estrelas: mudança acompanhada de êxito. Bom momento para iniciar novo projeto.
- 18. O cão: férias com amigos, encontros agradáveis com velhas amizades. Reconciliação com um velho amigo.
- 19. A torre: a torre e a cegonha estão claramente ligadas; a cegonha estabelece seu lar sobre a torre. É uma combinação, portanto, que fala de assentamento, e a cegonha dá mostras de: mudança de residência, inclusive de emigração.
- 20. O parque: reviravoltas no âmbito social, renovação do círculo de amigos.
- 21. A montanha: giro perigoso na atitude ou na posição, postura não recomendada.
- 22. Os caminhos: alteração de rota. Não precisa literalmente se referir a uma rota, mas sim à mudança de abordagem, um repensar de prioridades ou objetivos. Novas oportunidades que exigem do consulente postura proativa.
- 23. Os ratos: há uma interpretação bem específica dessa combinação na área da saúde e que se refere à histerectomia (remoção de parte ou totalidade do útero). Em outra leitura, a cegonha junto com os ratos pode representar algo ou alguém que definitivamente desapareceu de nossas vidas. Afastamento.
- 24. O coração: essa combinação pode indicar novo amor ou adaptações na relação uma vez estabelecida. Cumplicidade e ternura no amor.
- 25. O anel: é a combinação do casamento (ou união de fato) com o amor.
- 26. O livro: expansão de conhecimentos, aulas extras, seminários, pós-graduação, cursos de especialização.

- 27. A carta: chegada de notícias determinantes ou recebimento de documentos importantes. Notificação que obriga viajar ao exterior.
- 30. Os lírios: importante apoio financeiro e moral que irá transformar a situação do consulente.
- 31. O sol: início de uma fase muito feliz e produtiva, brilhante em todos os aspectos. A idade de ouro.
- 32. A lua: ilusão para uma viagem.
- 33. A chave: aparecem soluções inesperadas para problemas que se arrastam ao consulente.
- 34. Os peixes: ganhos inesperados (caso a cegonha apareça em primeiro lugar, senão perdas financeiras).
- 35. A âncora: transformações com consolidação de resultados.
- 36. A cruz: essa combinação tem um significado oposto à combinação sol-cegonha. Nesse caso, anuncia o início de um período de crise, fala de mudanças dolorosas, provas.

18. O cão

18 - O CÃO

A figura do cão representa a lealdade, a nobreza. É a carta da amizade duradoura, das relações baseadas na sinceridade e no carinho genuíno. Anuncia uma valiosa ajuda, apoio incondicional, influência positiva e inesperada. Um amigo será fundamental no momento presente e em relação a algum projeto, seja pessoal ou profissional.

O cão representa uma excelente ligação no campo familiar ou no trabalho, amizade fiel que influencia de maneira positiva e estimulante. No ambiente de trabalho fala de companheirismo, de confiança e colaboração que atinge a comunicação. Essa carta indica encontros, associações, convocatórias. Reuniões sempre agradáveis em uma atmosfera de harmonia e cordialidade. Estilo de vida saudável, simples e dócil, pautado pela serenidade e pelos prazeres cotidianos desfrutados em companhia de pessoas bastante conflitantes.

Interpretação do cão em combinação com:

- 1. O cavaleiro: visita de um amigo fiel cuja chegada será providencial.
- 2. O trevo: sucesso e confiança na amizade. Trato com as pessoas, período muito sociável e expansivo.
- 3. O barco: viagem prazeroso com uma pessoa querida, reunião de grandes amigos.
- 4. A casa: chegada de um amigo no lar. A combinação da casa com O cão fala de lealdade e devoção entre os membros da família. Família muito unida.

- 5. A árvore: essa combinação simboliza um conselheiro leal e prudente.
- 6. As nuvens: um amigo está em apuros.
- 7. A serpente: infidelidade. Deslealdade.
- 8. O ataúde: injustiça. Decepção. Traição por parte de um amigo.
- 9. O ramalhete: apoio de amigos leais e nobres. Cooperação, solidariedade.
- 10. A foice: acontecimentos que podem levar à ruptura de uma amizade.
- 11. O chicote: essa combinação tem duas possíveis interpretações, completamente opostas: uma resposta inesperada e dura por parte de uma pessoa muito querida, ou alguém querido e imparcial que mediará e evitará um conflito no entorno do consulente.
- 12. Os pássaros: um amigo inspirador que irá estimular a troca de ideias e um processo criativo.
- 13. A criança: renovação da vida social, novo círculo de amigos. Essa combinação pode indicar o aparecimento de um animal de estimação ou de uma relação de profunda amizade na vida do consulente, de cumplicidade inesperada com alguém muito jovem.
- 14. A raposa: amigo com segundas intenções. Ingratidão. Abuso de confiança.
- 15. O urso: as qualidades associadas a ambos os animais são exacerbadas quando aparecem em combinação: força, nobreza, perseverança, lealdade, coragem.
- 16. As estrelas: proteção leal e oportuna por parte de um amigo.
- 17. A cegonha: férias com amigos, encontros agradáveis com antigas amizades. Reconciliação com um velho amigo.
- 19. A torre: amizade sólida. Lealdade inabalável. A combinação cachorro-torre pode, igualmente, indicar isolamento

dos amigos, distanciamento das pessoas mais queridas (por depressão, problemas que não são verbalizados, problemas econômicos, entre outros).

- 20. O parque: convite para um evento com os amigos, provavelmente um aniversário ou uma celebração qualquer. Atividade social rica com o grupo de amigos de toda vida.
- 21. A montanha: essa combinação indica que será necessário ajudar um amigo que passa por graves dificuldades.
- 22. Os caminhos: mudança de postura que levará a uma reconciliação. Ceder pelo bem da amizade. Reparo de um dano.
- 23. Os ratos: embora a carta dos ratos não costume apontar para os amigos mais próximos, a combinação com O cão, pelo contrário, a determina. Intrigas no ambiente mais próximo, inclusive perda de uma amizade por causa de enganação ou roubo.
- 24. O coração: cachorro-coração indica que uma amizade vai se transformar em amor. No entanto, outra interpretação possível é que ambos estejam confundindo os sentimentos. Devoção e fidelidade.
- 25. O anel: aliança fiel, colaboração de confiança, convivência.
- 26. O livro: segredo ligado a um amigo próximo. Cumplicidade.
- 27. A carta: um convite, um encontro. Retornos passados.
- 30. Os lírios: cachorro-lírios representa a sinceridade, a delicadeza e a ternura.
- 31. O sol: vida feliz com muitos amigos leais, repleta de bons momentos. Confiança e harmonia graças a um ambiente cordial e bem-aventurado.
- 32. A lua: estado influenciável, falta de critério próprio que leva a depender insanamente das amizades. Falsos amigos.
- 33. A chave: essa combinação anuncia nova relação sentimental ou amizade promissora.

- 34. Os peixes: instinto para os negócios que se traduz em lucros significativos.
- 35. A âncora: esforços recompensados. Confiança e segurança trazidas de um ambiente nobre, cordial e fiel.
- 36. A cruz: perda de amizade. Preocupação excessiva com os demais. Um amigo suportará (ou está suportando) dura prova.

19 - A TORRE

19. A torre

É a carta da solidão, do isolamento e também da autoridade, do governo (de seus representantes ou dos edifícios e sedes que os abrigam). Assim mesmo pode representar o último trecho do caminho vital, a velhice, a aposentadoria. Essa carta pode aconselhar o cliente a se isolar, confinar-se ou concentrar-se antes de tomar qualquer decisão relacionada à consulta. A reflexão é essencial nesse momento. O assunto que precisa meditar pode pertencer a qualquer área (investimentos, rompimentos amorosos, demissões). A fórmula perfeita, de acordo com essa carta, seria isolar o corpo e liberar totalmente as emoções.

Além disso, fala de disciplina (a vitória não pode ser alcançada sem ordem e perseverança) e de objetividade, para evitar a cegueira em assuntos em que estamos emocionalmente envolvidos.

Interpretação da torre em combinação com:

- 1. O cavaleiro: viagem solitária. Escapar da solidão. Comunicação, certificado, notícia proveniente de algum órgão oficial. Isolamento e separação de seres queridos em prol de uma ambição.
- 2. O trevo: fim de uma situação complicada devido a uma mudança de perspectiva. Trégua que precisa ser aproveitada, pois será breve.
- 3. O barco: viagem solitária, provavelmente de negócios. A combinação também aponta para a necessidade de se afastar de todos e de tudo para poder refletir. Retiro espiritual.
- 4. A casa: a torre junto da casa representa um edifício público, governamental, institucional. Pode indicar um edifício de grande

estatura. Essa combinação, por outro lado, pode ser interpretada por uma separação, sair de casa.

- 5. A árvore: hospitalização ou imobilização de longa duração. Problemas na coluna vertebral.
- 6. As nuvens: retiro voluntário para encontrar o equilíbrio e clarificar as ideias ou tirar dúvidas.
- 7. A serpente: traição por parte de uma mulher mais velha. Problemas, mal-entendidos, deslealdade relacionados à mãe ou à figura materna.
- 8. O ataúde: alerta a respeito da saúde, pode aparecer uma doença grave ou uma situação de perigo devido à falta de prevenção. A combinação também pode referir-se a grandes problemas com órgãos oficiais. Em referência a lugares: hospitais e clínicas.
- 9. O ramalhete: chegada de dinheiro por parte de algum organismo oficial; subvenções, indenizações, devolução tributária.
- 10. A foice: essa combinação pode ter uma interpretação bem específica para a área da saúde e pode referir-se a uma cirurgia inesperada e urgente. Também fala de separação que se torna oficial, divórcio definitivo.
- 11. O chicote: mais uma vez vem falar de uma interpretação bem específica no campo da saúde: transtorno neurológico grave. Da mesma forma, indica conflitos legais.
- 12. Os pássaros: ansiedade e estresse provocados por uma figura autoritária ou por algum assunto legal, oficial, burocrático ou por hipocondria. A combinação referencia ainda a falta de contundência em um momento que exige firmeza. Sensacionalismo, escândalo, rumores por interpretação maliciosa de uma vida solitária.
- 13. A criança: problemas jurídicos relacionados a menores. A combinação torre-criança pode, igualmente, representar uma instituição de ensino ou referir-se a um filho único ou irmãos com grande diferença de idade.

- 14. A raposa: prisão, isolamento (pode ter um sentido metafórico).
- 15. O urso: confiança depositada acertadamente em alguém digno e sincero. Pode representar uma pessoa de poder em alguma instituição do Estado ou no setor bancário.
- 16. As estrelas: aposentadoria suave e feliz que trará momentos de prazer e harmonia.
- 17. A cegonha: a torre e a cegonha estão claramente ligadas; a cegonha estabelece residência na torre. É uma combinação, portanto, que fala de assentamento e casa, mas a cegonha lhe dá um aspecto de mudança de residência, inclusive de emigração.
- 18. O cão: amizade sólida. Lealdade inabalável. A combinação cachorro-torre também pode indicar isolamento dos amigos, distanciamento das pessoas mais queridas (por depressão, problemas que não são verbalizados, problemas econômicos, entre outros).
- 20. O parque: seriedade. Relações sociais excessivamente oprimidas, reservadas, frias.
- 21. A montanha: essa combinação fala de leis férreas e regulamentos. Do mesmo modo fala de egoísmo, hipertrofia da autoestima que gera sensação de inacessibilidade e bloqueio nas pessoas do entorno.
- 22. Os caminhos: problema pessoal que se torna crônico. A torre ao lado da bifurcação de caminhos pode abordar infrações da lei. Solidão voluntária.
- 23. Os ratos: doença mental por excesso de solidão. Delírios, devastação.
- 24. O coração: amor a distância ou solidão sentimental (pode falar de solidão dentro da empresa, de relações que continuam apesar do desamor).
- 25. O anel: legalização de união ou, pelo contrário, legalização da separação, divórcio.

- 26. O livro: faculdade, universidade, estabelecimento de ensino, biblioteca. Pode representar ainda um erudito, um sábio ou um cientista. Inclusive a situação deve manter-se em segredo por muito mais tempo.
- 27. A carta: essa combinação simboliza a espera de documentos oficiais, administrativos ou contábeis.
- 30. Os lírios: vocação religiosa.
- 31. O sol: o sol acompanhado da torre simboliza a religião, a igreja, o poder político. Em sentido mais geral, pode indicar uma promessa muito exigente, difícil de ser mantida, escravizante.
- 32. A lua: é a combinação do isolamento emocional levado ao extremo que pode gerar uma doença nervosa ou até mesmo um benefício. Depressão, sentimentos reprimidos, não expressados. Sofrimento em solidão.
- 33. A chave: grandes desafios que deverão ser enfrentados com força de vontade e espírito inovador.
- 34. Os peixes: segurança financeira, economia substancial, bom salário. Dinheiro ganho por meio de esforço próprio.
- 35. A âncora: é a combinação de intolerância e de preconceitos. Talvez o consulente deva analisar algum problema com olhos sem preconceito. Quando se refere a um lugar, representa um escritório de trabalho.
- 36. A cruz: uma doença difícil de ser combatida. Circunstâncias que obrigam a uma vida de solidão. Problema cuja solução é adiada por muito mais tempo.

20. O parque

O parque é um local de encontro, de jogos, de lazer. Essa carta simboliza tudo o que é público, fala de abertura, extroversão e eventos sociais (especialmente ao ar livre). Extrapolando o ambiente de trabalho pode referir-se a trabalhos de atendimento ao público, a clientes, serviços, projetos de uma grande equipe. É uma carta vinculada a contatos e habilidades sociais ou comunicativas.

Além disso, representa lugares públicos de reunião: teatro, igreja, sala de concertos, entre outros. Se forem reuniões lúdicas, serão muito agradáveis, e de negócios serão muito produtivas. Boas companhias, celebrações, entre outras.

Do mesmo modo O parque aconselha atitude aberta diante de novos contatos. No amor, fala de bom momento para desfrutar a vida de solteiro, e se tem algum compromisso com alguém indica que seria bom não se isolar e não prescindir de encontros com outros amigos e das atividades, separadamente.

Interpretação do parque em combinação com:

- 1. O cavaleiro: chegada de um amigo que trará estabilidade. Criação de sociedade, início de negócio com sócios. Evento social, chegada de convidados para uma celebração.
- 2. O trevo: encontro promissor que trará algo de bom, independentemente da área e do motivo de encontro.
- 3. O barco: reunião de negócio com resultados muito positivos (provavelmente um encontro com estrangeiros). Viagem em grupo e com amigos.

- 4. A casa: eventos de lazer e com qualidade (ópera, teatro, exposições). Celebração importante em uma casa de família grande e com jardins.
- 5. A árvore: necessidade de momentos de relaxamento e lazer para melhorar o estado de saúde físico e mental.
- 6. As nuvens: complexo de inferioridade. Fobia social, embora se trate de um bloqueio passageiro.
- 7. A serpente: más companhias.
- 8. O ataúde: referente a lugar diz respeito a um cemitério. A combinação também fala de recomeçar e voltar à vida social. Considerando que na atualidade vive-se um momento muito extrovertido e urbano, é aconselhável retirar-se por um tempo e curtir a natureza.
- 9. O ramalhete: momento para relaxar, descansar, desfrutar de companhias favoritas, melhores amigos, cúmplices. Convite para uma festa.
- 10. A foice: sucesso inesperado junto à sociedade. Essa combinação também pode simbolizar novos contatos sociais que serão frívolos e decepcionantes.
- 11. O chicote: O parque junto com o chicote pode representar a figura de um professor. Há também nessa combinação a referência a fóruns, debates, assembleias, inclusive greves. E há uma terceira interpretação possível que pode ser aplicada a qualquer área: imprudência, indiscrição.
- 12. Os pássaros: escândalo público.
- 13. A criança: boas notícias, momentos lúdicos e divertidos carregados de felicidade, tal qual um parque cheio de crianças (literalmente pode referir-se a atividades infantis: acampamento, caminhada, ludotecas). Essa combinação pode simbolizar ainda uma pequena empresa dedicada a alguma atividade com o público.

- 14. A raposa: a combinação raposa-jardim indica más companhias. Reflexão acerca de amizades mais recentes.
- 15. O urso: recompensa. Encontro e início de possível relação de amizade com um personagem importante.
- 16. As estrelas: combinação relacionada ao prazer de poder desfrutar espetáculos de qualidade. Pode representar uma sociedade esotérica.
- 17. A cegonha: mudanças na vida social, renovação do círculo de amigos.
- 18. O cão: convite a um evento com amigos, provavelmente um aniversário ou uma festa. Atividade social rica com grupo de amigos de longa data.
- 19. A torre: essa combinação apresenta um paradoxo claro: de um lado o simbolismo gregário da carta e do outro o significado relacionado ao isolamento e solidão atribuídos à carta da torre. A maioria dos tarólogos resolve esse paradoxo interpretando a combinação na forma de representação de algum lugar restrito a determinado grupo, a certo coletivo.
- 21. A montanha: a montanha junto ao jardim pode simbolizar vergonha, preocupação pelo que dizem; também relações opressivas ou dificuldades de adaptação.
- 22. Os caminhos: ambiente boêmio que pode degenerar em caótico e falta de senso comum.
- 23. Os ratos: perda de clientes ou investidores. Também fobia social. Perda de reputação por calúnia. Situação incômoda na sociedade por causa de difamações.
- 24. O coração: altruísmo. Amor reconhecido publicamente, grito aos quatro ventos com entusiasmo. Amor à primeira vista. Paixão.
- 25. O anel: novos vínculos sociais. Cerimônia oficial. Casamento.

- 26. O livro: biblioteca pública. Pode referir-se a um best-seller, a um sucesso de vendas ou evento relacionado ao mundo editorial que enfrentará muita concorrência. A combinação do livro (o oculto) com O parque (o grupo) pode também representar sociedades secretas.
- 27. A carta: convocatória social. Entrada para um espetáculo.
- 30. Os lírios: essa combinação fala da aristocracia, talvez um evento de caridade e benéfico organizado pela alta sociedade.
- 31. O sol: encontro delicioso com os amigos.
- 32. A lua: busca pelo reconhecimento público, por celebridades. Vícios, vida noturna.
- 33. A chave: trabalho graças a bons contatos. Nepotismo.
- 34. Os peixes: riqueza obtida por meio de uma atividade dirigida ao público com grande número de clientes; sucesso do trabalho realizado pela propaganda verbal.
- 35. A âncora: relações sociais interessantes que podem trazer muitos benefícios a diversas áreas que vão além da simples vida social.
- 36. A cruz: relacionado a lugar essa combinação sugere um cemitério ou uma igreja. Metaforicamente, fala de uma espera frustrante.

21 - A MONTANHA

21. A montanha

Carta geralmente negativa que anuncia bloqueios, iniciativas frustradas.

Talvez o consulente sinta-se impotente diante de limitações imprevistas, inclusive indefesas. Tudo se abranda.

No campo sentimental, pode referir-se a uma pessoa inacessível ou a uma relação sem continuidade. Falta de comunicação, situações tensas, mal-entendidos. Quando se refere à saúde, essa carta aponta para doenças crônicas ou a tratamento de longo curso.

Além disso, montanha fala de obstáculos no caminho seja qualquer for o assunto da consulta. Não se trata de um caminho reto e plano, mas bem sinuoso e íngreme. A montanha é uma massa ameaçadora, imponente que pode representar uma pessoa ou uma situação. Quando se associa ao próprio consulente fala de paciência e obstinação, nesse sentido, seu significado não seria especificamente negativo, embora seja aconselhável ter mais flexibilidade.

Interpretação da montanha em combinação com:

- 1. O cavaleiro: surgirão obstáculos com os quais não se contava, obrigando à alteração de planos ou de foco. Mensagem que chega com atraso.
- 2. O trevo: breve trégua enquanto se aguarda a resolução final de um problema.
- 3. O barco: viagem que representa certo perigo ou talvez decisão precipitada que envolve mudança arriscada. Atrasos burocráticos.

- 4. A casa: parente de mau caráter, ranzinza, distante.
- 5. A árvore: conflitos que vão abordar os princípios mais profundos e a própria escala de valores.
- 6. As nuvens: situação que piora.
- 7. A serpente: inimigo disfarçado, bajulador.
- 8. O ataúde: realidade difícil de se assumir, cuja aceitação leva ao afastamento da vida desregrada e das más companhias. Imobilização e bloqueios provocados pelo medo. Esperanças frustradas.
- 9. O ramalhete: esforço coroado de êxito.
- 10. A foice: distúrbios emocionais ou psicológicos de gravidade. Também fala da necessidade de se afastar de pessoas de índole duvidosa, limpando assim o ambiente de todas as influências negativas.
- 11. O chicote: o consulente acumula adversários e deve lutar contra todos. Talvez a situação seja fruto da própria impulsividade descontrolada.
- 12. Os pássaros: estresse por trabalho acumulado ou atrasos no prazo de entrega. Ansiedade diante da concorrência de trabalho. A montanha, nesse caso, pode simbolizar também grande problema para o consulente que se sente bloqueado pelo medo.
- 13. A criança: a montanha junto da criança pode falar de uma infância dura, de uma criança difícil, teimosa. Em uma interpretação mais geral, indica recomeço, após a superação de obstáculos.
- 14. A raposa: relação perigosa que pode levar a muitas complicações e impedir o progresso em alguma área da vida do consulente.
- 15. O urso: se o urso vai acompanhado da montanha representa um adversário temível.
- 16. As estrelas: acontecimento inesperado que traz bons presságios e melhora notavelmente a conjuntura do assunto tratado.

- 17. A cegonha: uma volta perigosa na atitude ou na posição. Mudança não recomendável.
- 18. O cão: indica que será necessário ajudar um amigo que se encontra em dificuldades, ou de perigo de rompimento com alguém bem próximo, muito querido.
- 19. A torre: referência a leis e regulamentos rígidos. Egoísmo, hipertrofia da autoestima que gera sensação de inacessibilidade. Bloqueio nas pessoas do entorno também está presente nessa combinação.
- 20. O parque: a montanha junto do parque pode simbolizar vergonha, preocupação do que vão dizer, inclusive relações opressivas ou dificuldades de adaptação.
- 22. Os caminhos: cansaço, estresse. Decisão polêmica ou dura que convém ser adiada.
- 23. Os ratos: período muito problemático, atraso alarmante. Insegurança, desemprego.
- 24. O coração: bloqueio emocional, crise afetiva difícil de ser superada. O relacionamento cai na rotina, o desgaste coloca uma barreira entre os amantes.
- 25. O anel: incompatibilidade de caráter entre os amantes. Dificuldades e obstáculos para cumprir ou adquirir um compromisso.
- 26. O livro: um segredo que pode colocar em perigo o consulente ou alguém próximo.
- 27. A carta: comunicação que consegue parar um projeto.
- 30. Os lírios: falta de energia coloca em perigo uma iniciativa.
- 31. O sol: superação de obstáculos, grande alívio. Barreiras são derrubadas.
- 32. A lua: distúrbios psicológicos relacionados à somatização e evasão da realidade.

- 33. A chave: situação insolúvel devido à falta de meios.
- 34. Os peixes: aparecem obstáculos, mas que serão facilmente administrados.
- 35. A âncora: desemprego. Solução de um problema que exige grandes sacrifícios.
- 36. A cruz: problemas que causam tristeza. Situação difícil e injusta que gera raiva, ira e ódio.

22 - OS CAMINHOS

22. Os caminhos

A encruzilhada, as eleições. Nesse momento, é necessário tomar uma decisão diante de um leque de opções. Pode indicar também bloqueio diante de uma situação de medo e por escolher algo de forma equivocada. Indecisão, mudança de caráter, instabilidade, alteração de humor, flutuações no estado de ânimo.

É uma carta que está relacionada a conflitos e discussões, nesse sentido, pode ter dois significados completamente opostos dependendo das cartas que a acompanham: pode referir-se tanto à mediação de uma briga quanto à propagação da discórdia.

No campo financeiro, aconselha a caminhar com cautela e ponderar as opções antes de tomar uma decisão. Seja qual for o campo dessa carta indica atuar com cautela e avaliar a situação com extremo cuidado. Não é momento de seguir por impulso nem de arriscar. No amor pode referir-se a uma aventura extraoficial e por isso aconselha-se a ponderar se o risco valer a pena, ou, pelo contrário, o que estiver em jogo é muito valioso para poder brincar.

Interpretação dos caminhos em combinação com:

- 1. O cavaleiro: surgirá uma situação que exigirá escolha clara e definitiva entre várias opções. Notícias a respeito de uma decisão tomada há algum tempo.
- 2. O trevo: referência a um projeto em curso que deve ser abandonado o quanto antes.
- 3. O barco: falta de objetividade nas decisões.

- 4. A casa: assuntos familiares que vão abalar as estruturas da família. Decisões precipitadas relativas à família. A combinação aconselha a meditar cuidadosamente acerca de qualquer decisão. Separação de bens.
- 5. A árvore: hesitação. As bases mais sólidas ficam abaladas.
- 6. As nuvens: indecisão. Esgotamento.
- 7. A serpente: dificuldades para tomar o controle de uma situação complexa.
- 8. O ataúde: acontecimento negativo que coloca o consulente em uma encruzilhada inevitável; devem ser tomadas decisões taxativas.
- 9. O ramalhete: inquietação infundada. Ver problemas onde não há. Ver muros no lugar de portas.
- 10. A foice: pressentimento súbito e perturbador, talvez relacionado a problemas antigos que não foram definitivamente resolvidos.
- 11. O chicote: escolha errada.
- 12. Os pássaros: insegurança diante de dados contraditórios.
- 13. A criança: decisão irresponsável, comportamento imaturo que leva a escolhas erradas.
- 14. A raposa: relação ambígua.
- 15. O urso: recomenda-se pedir conselho a alguém que considere sábio, justo e honesto, antes da tomada de qualquer decisão ou escolha.
- 16. As estrelas: diante de um dilema a intuição levará ao êxito.
- 17. A cegonha: alteração de rota. Direcionamento do foco e o repensar de um planejamento de prioridades e objetivos. Oportunidades exigem que o consulente perca seu medo em relação à mudança.
- 18. O cão: reparo de danos.

- 19. A torre: problema pessoal que se torna crônico. A torre junto da bifurcação de caminhos também pode falar de uma violação da lei. Solidão voluntária.
- 20. O parque: ambiente boêmio que pode ficar caótico. Falta de bom-senso.
- 21. A montanha: cansaço, estresse. Decisão polêmica ou dura que convém ser adiada.
- 23. Os ratos: negligência com importantes consequências. Decisão que pode pesar ou medo de tomar uma decisão. Apatia, falta de propósito.
- 24. O coração: momento difícil; é necessário escolher entre dois amores ou entre um amor e outras opções (transferências, promoções de emprego, liberdade).
- 25. O anel: oferta aparentemente atrativa que deve ser questionada com muita cautela.
- 26. O livro: dados e percepções contraditórios diante de um dilema. Suspeita de fraude.
- 27. A carta: essa combinação alerta sobre tomar uma decisão precipitada.
- 30. Os lírios: enigma ou dúvidas resolvidas com a ajuda de um parente.
- 31. O sol: o sol junto do caminho fala de reconciliação, reencontro, segundas oportunidades, perdão.
- 32. A lua: a lua e Os caminhos falam de ansiedade justificada por um momento complicado na qual converge várias frentes. Crise existencial.
- 33. A chave: obediência imposta em um tema nada convincente para o consulente; isso gera desconforto, tensão e dúvidas.
- 34. Os peixes: desperdiço inútil de energia e dinheiro.

- 35. A âncora: essa combinação fala de uma escolha acertada que trará serenidade e solidez.
- 36. A cruz: a cruz acompanhada do caminho fala de dor, sofrimento por causa de uma dúvida que se arrasta há algum tempo.

23 - OS RATOS

23. Os ratos

É uma das piores cartas do baralho. Da mesma forma que a cobra e a raposa, os ratos advertem acerca de enganos, negócios turbulentos, fraude, traição, roubo. É uma carta sombria que fala de insegurança, escassez, problemas de saúde, tudo o que estiver relacionado a uma infecção tanto no sentido literal quanto no figurado.

Sua aparição anuncia o início de um período de contratempos. Deve-se aprender a lidar com pessoas desonestas e covardes, assim também diante de situações obscuras e enganosas.

No campo das relações, pode indicar perversões sexuais ou algum transtorno de personalidade. Seja qual for a situação a enfrentar, deve-se tirar forças e tratar de não se deixar vencer nem por medo nem por desânimo. É, portanto, uma carta de aviso: estar alerta e manter suas armas defensivas de prontidão.

Quando essa carta representa uma pessoa, não se refere apenas a um sujeito relacionado a esses submundos, retrata também alguém desorganizado, caótico ou que esteja a ponto de entrar em estado depressivo.

Interpretação dos ratos em combinação com:

- 1. O cavaleiro: notícias relacionadas à perda ou roubo. Ausência de notícias ou notícias preocupantes. Mensagem extraviada, não recebida pelo destinatário.
- 2. O trevo: excesso de confiança em alguém que não vale a pena. Perda de dinheiro em jogo. Perda de oportunidade.

- 3. O barco: energia desperdiçada inutilmente, oportunidades perdidas. Perda ou roubo durante uma viagem. Herança aparentemente perdida que exigirá esforços para ser recuperada.
- 4. A casa: adultério. Roubo no lar. Investimento precipitado que ressentirá na economia doméstica. Perda de patrimônio.
- 5. A árvore: falta de energia, não se encontram razões para viver. Comportamento autodestrutivo. Vazio interior. Esterilidade.
- 6. As nuvens: negligência que pode trazer graves consequências.
- 7. A serpente: há um traidor no entorno difícil de ser reconhecido e ainda mais difícil de ser desmascarado.
- 8. O ataúde: grandes dívidas impossíveis de ser assumidas quando não tomadas medidas de imediato. Doença devido à falta de higiene ou de um ambiente insalubre.
- 9. O ramalhete: subornos, propinas. Presentes com interesses obscuros. As flores murcham e simbolizam a transitoriedade dos momentos felizes.
- 10. A foice: rompimento repentino que cortará em definitivo aquilo que mantém o consulente amarrado ao passado.
- 11. O chicote: discussão com possíveis consequências nefastas que devem ser evitadas a todo custo. Prática de um crime.
- 12. Os pássaros: abuso. Recepção de algum anônimo ameaçador ou desagradável (por escrito ou por telefone).
- 13. A criança: perda não tão grave, também indica ingenuidade que pode chegar à estupidez. Outra interpretação seria um filho não desejado.
- 14. A raposa: é a combinação da desonestidade, das jogadas sujas, da ganância a qualquer custo, da amoralidade. Mais concretamente pode indicar possível perda de propriedade.
- 15. O urso: doença de uma figura paterna ou de um homem mais velho próximo. Perda de poder, perda de confiança.

- 16. As estrelas: essa combinação pode representar a morte dos sonhos. Também a falta de ideias, de clareza nos objetivos, fracasso em algum projeto muito querido.
- 17. A cegonha: há uma interpretação muito específica dessa combinação na área da saúde e que se refere à histerectomia (remoção de parte ou totalidade do útero). A cegonha junto dos ratos pode também representar algo ou alguém mais próximo que definitivamente desaparece de nossas vidas. Afastamento.
- 18. O cão: embora a carta dos ratos não costume apontar aos mais próximos, a combinação com O cão, pelo contrário, determina. Intrigas no entorno, inclusive perda de amizade por fraude ou roubo.
- 19. A torre: doença psíquica por excesso de solidão. Delírios, devastação.
- 20. O parque: perda de clientes ou investidores. Também fobia social. Perda de reputação por calúnia. Situação incômoda em sociedade por causa de difamações.
- 21. A montanha: período problemático, atraso alarmante. Insegurança, desemprego.
- 22. Os caminhos: negligência com importantes consequências. Decisão que pode pesar ou medo de tomar alguma decisão. Apatia, falta de propósito.
- 24. O coração: brecha profunda que se abre entre dois amantes. Amor que morre lentamente causando muito sofrimento. Amor manipulador, interessado. Maltrato psicológico. Relação tóxica. Doença cardíaca.
- 25. O anel: transações frustradas. Descumprimento de contrato. Promessas quebradas, confiança traída. Relacionamento destroçado por uma terceira pessoa.

- 26. O livro: essa combinação adverte sobre documentos que podem levar a uma fraude ou a algo ilegal. Vingança.
- 27. A carta: mensagem que se perde ou que chega tardiamente. Descoberta surpreendente e dolorosa.
- 30. Os lírios: essa combinação representa a autorrepressão sexual ou a perda de apetite sexual.
- 31. O sol: desperdício de energia, perda de dinamismo e motivação.
- 32. A lua: problema psicológico relacionado a uma mulher. Mudanças emocionais constantes, depressão, pessoa instável, caótica.
- 33. A chave: descoberta de um culpado. Desmascaramento.
- 34. Os peixes: grandes perdas econômicas, ruína. Má gestão do patrimônio, incapacidade de economizar. A combinação peixe-ratos também está associada ao alcoolismo.
- 35. A âncora: atrasos, diminuição do ritmo de produtividade. Risco de demissão por ajuste pessoal.
- 36. A cruz: essa combinação representa punição cármica, repetição de fracassos. Pode referir-se ainda a uma crise religiosa ou perda de fé.

24 - O CORAÇÃO

24. O coração

Surgimento de um grande amor, duradouro e sólido. Romantismo, beleza, delicadeza, encanto, trato com as pessoas (que levado ao extremo pode se tornar frivolidade). Bondade natural, honestidade, nobreza, magnanimidade, generosidade, plenitude emocional, felicidade. Harmonia familiar, paz e alegria no lar. Uma amizade pode se tornar amor. Trabalho vocacional realizado com paixão (podendo aumentar as receitas). Investimentos bem-sucedidos.

Representa o amor em todas as suas formas. Pode anunciar o final de uma fase sentimental turbulenta ou infeliz que dará lugar a um período de serenidade em que flui um amor puro e limpo. Reconciliações. Vínculos que se estreitam.

Presságio de período de paz e prosperidade em todas as áreas.

Interpretação do coração em combinação com:

- 1. O cavaleiro: notícias relacionadas com o amor. Se o casal está vivendo uma crise, anuncia reconciliação iminente. Início de namoro. Convite romântico, declaração de amor.
- 2. O trevo: momentos felizes de amor, alegria de um início (quando se trata de relacionamento antigo, indica renascimento, paixão que faz recuperar novamente a ilusão).
- 3. O barco: férias românticas. Paixão por uma pessoa de outra cultura. Romance de verão. Lua de mel.
- 4. A casa: despertar de uma paixão antiga, sentimentos sinceros e sólidos. O amor de toda uma vida. Referência também ao amor à pátria ou à cidade que nasceu e cresceu.

- 5. A árvore: relacionamento profundo e estável, além de um início apaixonante. Amor multidimensional (corpo, mente e alma).
- 6. As nuvens: amor secreto. Ocultações e ambiguidades na relação do casal. Tensões temporárias no amor, pequenas decepções que podem ser solucionadas.
- 7. A serpente: traição, infidelidade, triângulo amoroso, presença de uma rival no amor.
- 8. O ataúde: amor não correspondido. Amor que morre, desamor. Tristeza relacionada a sentimentos amorosos. No entanto, embora O ataúde determine finalização, há também o aspecto de mudança e recomeço; é provável que se não houver rompimento não demora em chegar novo amor.
- 9. O ramalhete: O ramalhete e o coração quando aparecem juntos simbolizam a paquera, a sedução, a conquista.
- 10. A foice: necessidade de adotar uma posição drástica em relação a um passado amoroso que ainda atormenta ou a um relacionamento atual que se encontra doloroso e estagnado. Essa combinação simboliza ciúmes. Mas atenção! Pode também referir-se a uma paixão.
- 11. O chicote: erro imperdoável, uma falta difícil de ser ignorada, que pode acabar com uma relação.
- 12. Os pássaros: essa combinação pode fazer referência direta ao órgão e falar sobre problemas cardíacos provocados pelo estresse. Em sentido mais geral, o repensar de relacionamentos instáveis e que são fontes de agitação e ansiedade. Pode também referir-se a uma aventura passageira e divertida.
- 13. A criança: relação que se inicia ou está prestes a surgir. Boa sintonia com as crianças, amor pela infância.
- 14. A raposa: infidelidade, adultério, promiscuidade. Relação simplesmente sexual e ilícita fora do casamento.

- 15. O urso: representa um pretendente idoso ou comprometido. Também fala de ídolos, de personagens admirados e que servem de inspiração (geralmente fala mais do entorno do consulente do que de figuras públicas).
- 16. As estrelas: culminação de um desejo sentimental. Um sonho amoroso é cumprido. Chegada do amante esperado ou regresso de um amor que se distanciou.
- 17. A cegonha: essa combinação pode indicar novo amor ou mudanças na relação uma vez estabelecida. Cumplicidade e ternura no amor.
- 18. O cão: essa combinação indica que uma amizade vai se transformar em amor. No entanto, outra interpretação possível é que ambos estejam confundindo os sentimentos. Devoção e fidelidade.
- 19. A torre: amor a distância ou solidão sentimental (pode falar de solidão no trabalho, de relações que continuam, apesar do desamor).
- 20. O parque: altruísmo. Amor reconhecido publicamente, gritado "aos quatro ventos" com entusiasmo. Amor à primeira vista, paixão.
- 21. A montanha: bloqueio emocional, crise afetiva difícil de ser superada. Relação torna-se monótona, o desgaste constrói uma barreira entre os amantes.
- 22. Os caminhos: momento difícil; é necessário escolher entre dois amores ou entre um amor e outras opções (transferência, promoção no trabalho, liberdade).
- 23. Os ratos: brecha profunda que se abre entre dois amantes. Amor que morre lentamente causando muito sofrimento. Amor manipulador, interessado. Maltrato psicológico. Relação tóxica. Doença cardíaca.
- 25. O anel: comunicação sincera, promessas que se cumprem. Amor com compromisso, amor conjugal. Conexão e harmonia

no casal, relação bem-sucedida e feliz, sólida, com projeção para o futuro.

- 26. O livro: relação de paixão que deve ser mantida em segredo. Segredo ligado a um sentimento.
- 27. A carta: dessa combinação pode ser extraída uma interpretação completamente literal: uma carta de amor (ou declaração amorosa). Pode também referir-se a um amor fora de controle.
- 30. Os lírios: primeiro romance. Vida sexual plena e estável, ou ainda vivenciar uma ação altruísta.
- 31. O sol: sucesso total no amor, amor intenso, profundo e correspondido. Amor estimulante.
- 32. A lua: confusão de sentimentos, miragem, amor imaginado que levará à decepção ou a nuances de loucura.
- 33. A chave: essa combinação pode representar um sócio digno de total confiança.
- 34. Os peixes: relação com uma pessoa bem abastada.
- 35. A âncora: amor pela profissão, trabalho vocacional e gratificante.
- 36. A cruz: amor não correspondido. Relacionamento que causa mais sofrimento do que momentos de felicidade.

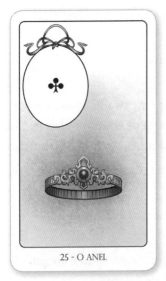

25 - O ANEL

25. O anel

Representa o casal, a união, o compromisso (incluindo o casamento). Colaboração e também circulação (nesse sentido há uma interpretação equivalente ao arcano da roda da fortuna no tarô tradicional). No mundo dos negócios, essa colaboração significa o fechamento de acordos, criação de uma sociedade, assinatura de contratos, transações bem-sucedidas, fusão de patrimônios. Amizades no local de trabalho (inclusive pode até surgir um relacionamento sentimental com algum colega de trabalho). Evolução positiva devido à fé, confiança e perseverança. Aumento de receita seja pela consolidação de negócios lucrativos ou por doações e presentes (muitas vezes essa carta lança uma leitura literal: joias).

Interpretação do anel em combinação com:

- 1. O cavaleiro: notícias que consolidam um contrato ou um reencontro sentimental. Aliança inquebrável. Proposta atraente. Progresso.
- 2. O trevo: um presente valioso. Harmonia nos relacionamentos. Casamento iminente, associação afortunada.
- 3. O barco: doação em dinheiro que vem de longe. Também pode simbolizar uma viagem de namorados (lua de mel).
- 4. A casa: união sólida familiar. Forte vínculo entre a casa e a família. Assinatura de um contrato de aluguel.
- 5. A árvore: energia benéfica, cura.
- 6. As nuvens: possível separação (no campo sentimental) ou suspensão (no campo profissional e econômico) momentânea por confusão ou dúvidas.

- 7. A serpente: as mentiras vão maculando a união, gerando desamor.
- 8. O ataúde: final de uma restrição ou de um compromisso que asfixia o consulente. Divórcio. Doença crônica.
- 9. O ramalhete: contrato, casamento, felicidade sólida e duradoura. Culminação de um projeto complicado que exige horas de esforço.
- 10. A foice: essa combinação geralmente se refere à área das relações e fala de um crescente desinteresse recíproco, de um desgaste que provavelmente levará à separação. Também pode ser interpretado tal qual uma traição.
- 11. O chicote: forte discussão entre os cônjuges ou sócios a respeito de uma situação confusa causada por equívocos ou ambiguidades (problemas de comunicação).
- 12. Os pássaros: acordo verbal.
- 13. A criança: presente importante para uma criança, um favor sonhado.
- 14. A raposa: o anel junto da raposa pode indicar bigamia, vida dupla.
- 15. O urso: a combinação urso-anel determina uma assinatura importante.
- 16. As estrelas: união sólida e feliz.
- 17. A cegonha: é a combinação do casamento (ou da união de fato) com o amor.
- 18. O cão: aliança fiel, a colaboração de confiança, convivência.
- 19. A Torre: legalização de união ou, pelo contrário, legalização da separação, divórcio.
- 20. O parque: novos vínculos sociais. Cerimônia oficial. Casamento.
- 21. A montanha: incompatibilidade no caráter das pessoas. Dificuldades e obstáculos para cumprir ou adquirir um compromisso.
- 22. Os caminhos: oferta aparentemente atrativa que deve ser questionada com muita cautela.

- 23. Os ratos: transações frustradas, descumprimento de contrato. Promessas quebradas, confiança traída. Relacionamento destroçado por uma terceira pessoa.
- 24. O coração: comunicação sincera, promessas que se cumprem. Amor com compromisso, amor conjugal. Conexão e harmonia no casal, relação bem-sucedida e feliz, sólida, com projeção para o futuro.
- 26. O livro: vínculos secretos. Segredo de casal. Quando se refere a um objeto representa o álbum de casamento.
- 27. A carta: assinatura de um contrato muito importante. Recebimento de um convite para um casamento.
- 30. Os lírios: futuro feliz e seguro.
- 31. O sol: felicidade conjugal. Fortalecimento de uma relação.
- 32. A lua: união pouco clara, falta de sinceridade, falta de confiança.
- 33. A chave: consolidação de bens e propriedades (talvez seja a última parcela de pagamento ou a solução para falta de pagamento).
- 34. Os peixes: assinatura de contrato conveniente. Casamento economicamente vantajoso.
- 35. A âncora: contrato de trabalho por tempo indeterminado.
- 36. A cruz: e combinação pode simbolizar uma aliança eterna, um profundo compromisso. Também uma separação ou algo irrevogável.

26. O livro

26 - O LIVRO

Essa é uma carta muito misteriosa. Ela se refere àquilo que está oculto, aos segredos. Também anuncia que haverá luz diante de um tema confuso e ambíguo, cuja "venda dos olhos" cairá. Essa imagem também pode aconselhar a discrição em termos de projetos e planos, para não se tornarem públicos e não haver comentários sobre os mesmos. Amor secreto, platônico e não revelado. Nesse sentido, também indica vida dupla, mentiras e enganos, além de decepção (pode indicar infidelidade de forma direta) ou segredos do passado (segredos de família) que emergem causando autêntico terremoto.

Outra opção é uma interpretação mais literal por meio de livros, estudos, escrituras e leitura. Aprendizagem, especialização profissional. O despertar do conhecimento tal qual chave para o desenvolvimento pessoal e espiritual.

Quando se refere a uma pessoa, representa alguém fascinante, inteligente, enigmática, mas, às vezes, e segundo alguns aspectos da tiragem de cartas, pode advertir acerca de problemas psicológicos e sofrimento interior.

Interpretação do livro em combinação com:

- 1. O cavaleiro: informações ou notícias estão sendo escondidas do consulente. Também pode referir-se a uma mudança ou mensagens secretas (podendo indicar a existência de um amante). Indica notícias relacionadas ao estudo. Descoberta chocante.
- 2. O trevo: apoio inesperado.
- 3. O barco: negociação realizada em segredo.

- 4. A casa: segredos de família, manutenção da privacidade familiar.
- 5. A árvore: aprendizagem, sabedoria adquirida pela observação, maturidade e tranquilidade, fim da impulsividade.
- 6. As nuvens: lembranças que causam ansiedade, sentimentos de culpa. Confusão mental.
- 7. A serpente: abuso do poder de alguém que se considera superior intelectualmente.
- 8. O ataúde: doença desconhecida. A combinação também pode referir-se à ressaca, doenças causadas pela vida desregrada e de excessos.
- 9. O ramalhete: sucesso literário.
- 10. A foice: o livro junto da foice fala de ressentimentos ocultos que surgiram abruptamente e que podem ser inoportunos.
- 11. O chicote: divulgação de segredos, traição de confiança, decepção em relação a um confidente. Vida cheia de segredos.
- 12. Os pássaros: a combinação livro-pássaros se refere à interpretação mencionada anteriormente que associa os pássaros à aprendizagem e ao estudo. Indica alta capacidade intelectual e talento para estudos e pesquisas.
- 13. A criança: fala de educação de crianças, escola e os primeiros ensinos. Representa um estudante. Essa combinação pode ainda referir-se ao segredo de alguma criança, por exemplo, sobre um pai desconhecido ou alguma adoção não explicada.
- 14. A raposa: inimigo oculto.
- 15. O urso: estratégia bem-sucedida.
- 16. As estrelas: essa combinação se refere à adivinhação, aos oráculos.
- 17. A cegonha: ampliação de conhecimentos, aulas extras, seminários, pós-graduação, cursos de especialização.
- 18. O cão: segredo ligado a um amigo próximo. Cumplicidade.

- 19. A torre: faculdade, universidade, instituição de ensino. Biblioteca. Pode representar um erudito, um sábio, um cientista ou uma situação que será mantida em segredo ainda por longo tempo.
- 20. O parque: biblioteca pública. Pode referir-se a um best-seller, a um sucesso de vendas ou a evento relacionado ao mundo editorial que passa por grande concorrência. A combinação do livro (o oculto) com O parque (o grupo) podem também representar sociedades secretas.
- 21. O montanha: um segredo que poderia colocar em perigo o consultor ou alguém próximo.
- 22. Os caminhos: dados e percepções contraditórias diante de um dilema. Suspeita de fraude.
- 23. Os ratos: essa combinação adverte sobre documentos que podem levar a uma fraude ou algo ilegal. Vingança.
- 24. O coração: relação passional que deve ser mantida em segredo. Segredo vinculado a um sentimento.
- 25. O anel: vínculos secretos. Segredos de casal. Quando se refere a um objeto representa o álbum de casamento.
- 27. A carta: segredos revelados.
- 30. Os lírios: avanço de carreira, consolidação de conhecimentos, criatividade e estímulo para projetos intelectuais e artísticos.
- 31. O sol: confidências entre amigos. Revelação de um segredo.
- 32. A lua: sonho premonitório. Profecia.
- 33. A chave: essa combinação aconselha não forçar a situação, seja qual for a área da consulta. Plano elaborado em segredo.
- 34. Os peixes: sucesso econômico, grandes lucros em negócios. Herança inesperada.
- 35. A âncora: lealdade. Relação sólida e transparente, sem segredos e bem proveitosa.
- 36. A cruz: decadência. Ciúmes, perigo associado a um segredo.

27 - A CARTA

27. A carta

Essa carta depende mais do que qualquer outra que a acompanhe. Seu significado isolado é essencialmente literal: uma carta, uma mensagem, uma comunicação ou alguma área da atualidade que compreenda inúmeros formatos. Notícias por escrito (tanto pessoais quanto provenientes dos meios de comunicação). Nesse sentido, se a consulta é sobre saúde, anuncia receitas médicas, resultados de análises, entre outros.

Em geral, muitas vezes se refere a acontecimentos inesperados que são aproveitados oportunamente e indicam a importância de manter a capacidade de reação, os reflexos. Se a consulta está dirigida ao campo financeiro, as notícias consistem em propostas de investimentos que prometem ou, ao contrário, são aquelas que reclamam dívidas. Pode também tratar-se de uma oferta de trabalho inesperado.

Na forma de símbolo geral, aponta para a fugacidade, ao ocasional. Seu prognóstico é sempre em curto prazo.

Interpretação da carta em combinação com:

- 1. O cavaleiro: chegada de notícias por escrito. Recepção de documentos. Essa combinação também pode simbolizar um intermediário.

- 2. O trevo: notícias por escrito inesperadas que anunciam acontecimentos positivos relacionados a um golpe de sorte. Essa combinação diz respeito, inclusive, a um bilhete de loteria, um cupom, um boleto.

- 3. O barco: correspondência profissional.

- 4. A casa: empréstimo concedido para a compra de um imóvel.
- 5. A árvore: receita médica.
- 6. As nuvens: notícias importantes que estejam atrasadas. Contratempo que frustra algum plano.
- 7. A serpente: chegada de notícias perturbadoras. Informação ambígua que gera mal-estar.
- 8. O ataúde: fim de algo importante comunicado por escrito (demissão, divórcio, entre outros).
- 9. O ramalhete: comunicação que estabelece a liberação de uma carga. Alívio.
- 10. A foice: acontecimento impactante. Confissão inevitável.
- 11. O chicote: essa combinação pode simbolizar uma denúncia.
- 12. Os pássaros: surpresa desagradável. Uma mensagem ambígua que provoca incerteza. Essa combinação igualmente adverte acerca de documentos falsos e fraudulentos.
- 13. A criança: correspondência com um pessoa muito jovem. Notícias de alguém da infância.
- 14. A raposa: correspondência com um amante que estabelece uma traição a alguém.
- 15. O urso: proposta comercial. Correspondência bancária.
- 16. As estrelas: revelação determinante.
- 17. A cegonha: chegada de notícias determinantes ou recebimento de documentos importantes. Notificação que obriga viajar ao exterior.
- 18. O cão: convite, encontro. Um passado que regressa.
- 19. A torre: essa combinação simboliza a espera de documentos oficiais, administrativos ou contábeis.
- 20. O parque: convocatória social. Entrada para um espetáculo.
- 21. A montanha: comunicação que detém um projeto.

- 22. Os caminhos: essa combinação alerta acerca da tomada de uma decisão precipitada.
- 23. Os ratos: mensagem que se perde ou que chega tardiamente. Descoberta surpreendente e dolorosa.
- 24. O coração: dessa combinação se pode extrair uma interpretação completamente literal: uma carta de amor (ou declaração amorosa). Também pode referir-se a um amor fora de controle.
- 25. O anel: assinatura de um contrato muito importante. Recebimento de um convite de casamento.
- 26. O libro: segredos revelados.
- 30. Os lírios: carta de recomendação.
- 31. O sol: comunicação que levará ao sucesso. Excelentes notícias.
- 32. A lua: notícias falsas, informação distorcida.
- 33. A chave: acordo ratificado por escrito. Projeto bem assimilado.
- 34. Os peixes: dinheiro de volta. Investimento recuperado. Devolução de empréstimo.
- 35. A âncora: firme consumação de planos e projetos.
- 36. A cruz: notícia devastadora.

30. Os lírios

30 - OS LÍRIOS

Os lírios simbolizam a pureza, a beleza, a harmonia. É uma carta carregada de energia que neutraliza ou enfraquece qualquer negatividade que nos persegue. Ele fala de otimismo, de momentos prazerosos (especialmente em termos de relações pessoais). Tudo flui, acontecimentos felizes, celebrações. No amor fala de realização de um desejo amoroso postergado, e no trabalho indica grande salto qualitativo. Excelente conjuntura para negócios e investimentos.

Essa carta também está associada aos prazeres sexuais e às artes mais refinadas do amor. Os lírios são vistos por imagem de sensualidade e prazer.

Quando representa uma pessoa se refere à sua beleza interior e exterior. É otimista, vital, voluntarioso, repleto de sensualidade e amável com quem o rodeia. Refere-se a alguém definitivamente atraente, capaz de mudar o curso de uma situação.

Anúncio de uma etapa perfeita e feliz. É momento de desfrutar.

Interpretação dos lírios em combinação com:

- 1. O cavaleiro: sucesso iminente, êxito surpreendente perante uma situação que parecia equivocada. Sexo em excelência. Surgimento de uma pessoa fascinante, magnética.
- 2. O trevo: oportunidade de promoção no trabalho, ou incorporação à família de alguém que vai trazer felicidade e boas vibrações.
- 3. O barco: Anuncia riqueza que alcançar-se-a no comércio ou herança. Também denota-se uma agradável viagem.

- 4. A casa: felicidade conjugal, família feliz. Sentimentos paternais e fraternais profundos. Proteção.
- 5. A árvore: serenidade e conforto alcançados por meio de um amigo sincero.
- 6. As nuvens: disfunção sexual devido a problemas psicológicos.
- 7. A serpente: mesquinhez. Submissão.
- 8. O ataúde: falta de apoio dentro do ambiente mais próximo e em momentos difíceis. Desamparo.
- 9. O ramalhete: combinação amável, luminosa. Fala de relacionamentos satisfatórios, de vitória, momentos de grande alegria.
- 10. A foice: exibicionismo, narcisismo extremo, sexualidade compulsiva e descontrolada.
- 11. O chicote: momento de alívio e serenidade após superação de uma dura prova ou de uma situação dolorosa.
- 12. Os pássaros: pode contar com a devoção, com forte proteção de alguém que é determinante para a solução de um problema.
- 13. A criança: os lírios junto da criança falam de sentimentos honestos e equilibrados. Também pode referir-se a uma criança feliz e adaptada que cresce em harmonia familiar e escolar.
- 14. A raposa: atração sexual. Falso apoio, falsa proteção.
- 15. O urso: é a combinação da generosidade de espírito e também da virilidade.
- 16. As estrelas: a combinação lírios-estrela simboliza o magnetismo pessoal, o apelo irresistível.
- 17. A cegonha: importante apoio financeiro e moral que irá transformar a situação do consulente.
- 18. O cão: a combinação de cachorro-lírios representa a sinceridade, a delicadeza, a ternura.
- 19. A torre: vocação religiosa.

- 20. O parque: essa combinação fala de aristocracia, talvez de um evento de caridade organizado pela e para a alta sociedade.
- 21. A montanha: falta de energia, coloca em perigo uma iniciativa.
- 22. Os caminhos: enigma ou dúvidas resolvidas com a ajuda de um parente.
- 23. Os ratos: essa combinação representa a autorrepressão sexual ou a perda de apetite sexual.
- 24. O coração: o primeiro romance. Referência a uma vida sexual plena dentro de um relacionamento estável, ou um ato altruísta.
- 25. O anel: futuro feliz e seguro.
- 26. O livro: progresso na carreira, consolidação de conhecimentos, da criatividade e incentivo para projetos intelectuais e artísticos.
- 27. A carta: carta de recomendação.
- 31. O sol: esplendor, beleza. Dignidade.
- 32. A lua: mudanças de humor.
- 33. A chave: vínculo amoroso ligado ao trabalho. Romance enriquecedor com uma pessoa de mais idade que trará serenidade e satisfações emocionais.
- 34. Os peixes: prosperidade graças à família. Brilho pessoal.
- 35. A âncora: panorama geral muito favorável.
- 36. A cruz: precisará de muita coragem para enfrentar um acontecimento doloroso.

31 - O SOL

31. O sol

Sua interpretação essencial é a mesma que o arcano homônimo do tarô tradicional. Representa a abundância e o bem-estar. Planos muito ambiciosos, mas sem dúvida possíveis em longo prazo. O calor e a energia do astro rei favorecem que nossos sonhos sejam cumpridos. No amor anuncia uma relação intensa, iminente, apaixonada, com muitas possibilidades de se tornar algo realmente importante. Se o consulente já tem um parceiro (a), o sol prevê nova era dourada. E esse estado de paixão vai se tornar um motor poderoso que garantirá o sucesso em qualquer área. Estamos radiantes, inspirados, acertados, motivados, oportunos; somos uma grata companhia para qualquer um, tanto no plano pessoal quanto no profissional. Aumento de salário, gratificações. Vontade, otimismo, vitalidade ilimitada.

O sol simboliza também a plenitude e a individualidade. A partir da autoestima é possível construir felicidade real e duradoura, desde que essa autoestima não regrida e se torne uma megalomania.

Interpretação do sol em combinação com:

- 1. O cavaleiro: notícias acerca de sucessos materiais ou profissionais. Entusiasmo, vitalidade, autoconfiança que estimula a ação e as ideias.
- 2. O trevo: ganhos em jogos. Início de bom momento em todas as áreas.
- 3. O barco: viagem de prazer. Sucesso. Herança inesperada.
- 4. A casa: bem-estar no lar.

- 5. A árvore: crescimento espiritual, equilíbrio.
- 6. As nuvens: visão clara e segura de um fato. Vitalidade.
- 7. A serpente: boa ação interessada, manipulação com lisonjas e charme.
- 8. O ataúde: sair da ruína, superar uma falência. Renascimento após uma fase muito negativa em qualquer área (reconciliação amorosa, florescimento de um negócio em declínio, encontro de um emprego). Também pode ter uma leitura negativa e indicar um bloqueio de energia.
- 9. O ramalhete: prêmio, recompensa. O consulente merece reconhecimento e recompensas (que chegarão).
- 10. A foice: corrupção evidente. Imoralidade, domínio público.
- 11. O chicote: é a combinação das reconciliações. Também fala sobre alcançar o sucesso merecido e por ter esperado algo pacientemente há um tempo. Dependendo da carta tirada (se for uma carta de grande circulação) pode ter interpretação negativa.
- 12. Os pássaros: chegada de um esclarecimento oportuno que será definitivamente útil em um conflito. Evolução mental.
- 13. A criança: início de algo novo, feito com muita força e energia. Pode falar de um bebê radiante, saudável e feliz. Alguns consideram a combinação de arte, da criação.
- 14. A raposa: vitória sobre adversários ardilosos e traiçoeiros.
- 15. O urso: proteção poderosa. Completo domínio de si mesmo.
- 16. As estrelas: abundância, riqueza, prosperidade. Vitória surpreendente.
- 17. A cegonha: essa combinação marca o início de uma fase muito feliz e produtiva, brilhante em todos os aspectos. A idade de ouro.
- 18. O cão: vida feliz com uma infinidade de amigos fiéis, repleta de bons momentos. Confiança e harmonia graças a um ambiente acolhedor e bem-aventurado.

- 19. A torre: o sol acompanhado da torre simboliza a religião, a igreja, o poder político. Em sentido geral, pode ainda indicar promessa muito exigente, difícil de ser mantida, escravizante.
- 20. O parque: reunião entre amigos.
- 21. A montanha: superação de obstáculos, grande alívio. Barreiras derrubadas.
- 22. Os caminhos: o sol junto do caminho fala de reconciliação, reencontro, segundas oportunidades, perdão.
- 23. Os ratos: desperdício de energia, perda de dinamismo e motivação.
- 24. O coração: sucesso total no amor; amor intenso, profundo e não correspondido. Amor estimulante.
- 25. O anel: felicidade conjugal. Fortalecimento de uma relação.
- 26. O livro: confidências entre amigos. Revelação de um segredo.
- 27. A carta: comunicação que levará ao êxito. Excelentes notícias.
- 30. Os lírios: esplendor, beleza. Dignidade.
- 32. A lua: alucinação. Ilusão e idealização de pessoas ou situações. Confusão de sentimentos.
- 33. A chave: essa combinação está relacionada ao mundo das seguradoras e aos planos e estratégias preventivas.
- 34. Os peixes: essa combinação simboliza o auge do sucesso, a prosperidade, o luxo.
- 35. A âncora: eficiência, sucesso fácil e completo. Pleno controle da situação.
- 36. A cruz: redenção, limpeza de carma.

32. A lua

32 - A LUA

Da mesma maneira que ocorre com o sol, a principal interpretação dessa carta é a mesma que a do arcano homônimo do tarô tradicional. Está relacionada com tudo que tem a ver com sonhos, emoções, lembranças, intuição, espiritualidade, imaginação e melancolia. Também com fertilidade e renascimento (como a lua que renasce a cada ciclo). No entanto, essa relação com o cíclico pode indicar indecisão, além de altos e baixos no humor, assim também confusão, ansiedade, depressão, entre outros, dependendo das cartas que a acompanham. De qualquer forma, a lua indica que as emoções estão à flor da pele.

Se a consulta é um pedido de aconselhamento diante dessas turbulências emocionais, essa carta incentiva a pedir ajuda e apoio no lugar de se isolar.

A lua é também a carta da criatividade e da expressão artística, bem como anuncia sucesso nessas áreas.

No campo do amor simboliza atração mágica e hipnótica, um romance emocionante.

Interpretação da lua em combinação com:

- 1. O cavaleiro: algo que parecia promissor e positivo pode revelar-se finalmente prejudicial. Notícias relacionadas a atividades criativas. Notícias pessoais que podem provocar fortes emoções. Chegada de um homem jovem, sonhador e romântico.
- 2. O trevo: falta de realismo, desgaste e estresse por sonhos inatingíveis. Decepção.

- 3. O barco: pensamento obsessivo e errático que obscurece em vez de esclarecer; estar sempre "em um beco sem saída", soluções não encontradas.
- 4. A casa: a combinação lua-casa pode simbolizar a mãe. Também fala de nostalgia, de melancolia, de momentos felizes por parte daqueles que saíram de casa.
- 5. A árvore: meditação. Busca espiritual. Crescimento.
- 6. As nuvens: instabilidade emocional, alterações de humor, ciclotimia.
- 7. A serpente: confusão mental grave que pode levar a doenças, ao delírio. Grande sacrifício moral. Pesadelo.
- 8. O ataúde: confusão mental grave que pode levar a doenças, ao delírio. Grande sacrifício moral. Pesadelo. REPETIÇÃO
- 9. O ramalhete: situação instável, mutante.
- 10. A foice: impacto traumático com a realidade. Impossibilidade de manter o autoengano diante de evidências que saem repentinamente à luz e que não podem ser ignoradas.
- 11. O chicote: desencontros e conflitos com a mãe ou mulher da família. Desespero.
- 12. Os pássaros: má reputação. Difamação.
- 13. A criança: a combinação criança-lua simboliza a maternidade.
- 14. A raposa: a lua acompanhada da raposa fala de uma calúnia que trará consequências desastrosas caso não se resolva a tempo. Pretexto, chantagem.
- 15. O urso: o urso acompanhado da lua não simboliza proteção, mas sim tensão, possessividade e talvez autoritarismo.
- 16. As estrelas: desejo concedido.
- 17. A cegonha: ilusão por uma viagem.
- 18. O cão: estado influenciável, falta de critério próprio que leva a depender insanamente das amizades. Falsos amigos.

- 19. A torre: é a combinação do isolamento emocional que levado ao extremo pode ocasionar doenças nervosas e até mesmo depressão, sentimentos reprimidos não revelados. Sofrimento, solidão.
- 20. O parque: busca pelo reconhecimento público, de celebridades. Vícios, vida noturna.
- 21. A montanha: distúrbios psicológicos relacionados à somatização e evasão da realidade.
- 22. Os caminhos: a lua e Os caminhos falam de ansiedade justificada por um momento complicado em que convergem várias frentes. Crise existencial.
- 23. Os ratos: dano psicológico relacionado a uma mulher. Mudanças emocionais e constantes; depressão, pessoa instável, caótica.
- 24. O coração: confusão de sentimentos, miragem, amor imaginado que pode levar à decepção ou à nuance de loucura.
- 25. O anel: união não muito clara, falta de sinceridade, falta de confiança.
- 26. O livro: sonho premonitório. Profecia.
- 27. A carta: notícias falsas, informação distorcida.
- 30. Os lírios: mudanças de humor.
- 31. O sol: alucinação. Fantasia e idealização de pessoas ou situações. Confusão de sentimentos.
- 33. A chave: uma ideia, uma intuição, com reais possibilidades de sucesso. (caso lua esteja à direita e a chave à esquerda, mas se for o contrário: projeto que será decepcionante).
- 34. Os peixes: tensões profissionais ou financeiras.
- 35. A âncora: equilíbrio alcançado.
- 36. A cruz: essa combinação fala de uma vida vazia e limitada. Esgotamento ao extremo. Graves problemas psicológicos.

33 - A CHAVE

33. A chave

É uma carta bivalente (a chave que abre também fecha). Quando acompanhada de cartas essencialmente positivas indica novas possibilidades, impulso renovado, portas que se abrem, segurança e sucesso. Pode falar de obstáculos, mas que podem ser evitados. É a carta da iniciativa e da certeza versus a incerteza e a dúvida. Os medos começam a desaparecer feito o sal que se dissolve na água, tudo parece possível. Cai o muro da rua sem saída. Confiança nos próprios instintos. Dinamismo, movimento, decisão.

No campo econômico, indica ganhos em curto prazo que podem facilitar a aquisição da compra de bens imobiliários.

Pelo contrário, mal acompanhada, fala de projetos decepcionantes, de excesso de confiança, imaturidade, superficialidade, charlatanismo, utopias. É representada pelos fanfarrões, aqueles que não levam nada a sério, os vigaristas

Interpretação da chave em associação com:

- 1. O cavaleiro: notícias determinantes (geralmente se refere a notícias positivas).
- 2. O trevo: essa combinação aconselha firmeza na situação objeto da consulta. A posição deve ser mantida.
- 3. O barco: no horizonte aparecem possibilidades inesperadas e promissoras.
- 4. A casa: essa combinação indica a conquista de metas.
- 5. A árvore: mistério resolvido. A verdade emerge.

- 6. As nuvens: aconselha perseverança apesar da confusão do momento, o desenlace será justo.
- 7. A serpente: é a combinação da astúcia e da inteligência, mas com um resíduo de imoralidade.
- 8. O ataúde: projeto arruinado. Ideia maluca (provavelmente no mundo dos negócios). Consequências graves.
- 9. O ramalhete: mudança muito positiva, provavelmente desejada pelo consulente há muito tempo e que por fim pode se materializar.
- 10. A foice: oportunidade inesperada que coloca em prática um antigo projeto no qual o consulente não depositiva mais esperanças. Coragem, determinação.
- 11. O chicote: essa combinação representa grande conflito, mas que o consulente pode trazer valiosa lição ou ainda fornecer elementos para uma vitória futura.
- 12. Os pássaros: dúvidas que têm causado muita preocupação sendo resolvidas.
- 13. A criança: solução de um problema psicológico, após ser constatado que sua que origem estava na infância. Projetos recém-nascidos que precisam de amadurecimento também são abordados por essa combinação.
- 14. A raposa: a combinação de chave-raposa simboliza plágio ou falsificação.
- 15. O urso: a chave traz a força do urso diante de uma prova de ambição. Na forma de presságio, indica que o destino do consulente esteja nas mãos de um personagem poderoso.
- 16. As estrelas: inspiração que abre as portas da criatividade. Perseverança recompensada.
- 17. A cegonha: surgem soluções inesperadas diante de problemas que arrastam.

- 18. O cão: essa combinação anuncia nova relação sentimental ou amizade promissora.
- 19. A torre: grandes desafios que terão de ser enfrentados com força de vontade e espírito inovador.
- 20. O parque: trabalho encontrado graças a bons contatos. Nepotismo.
- 21. A montanha: situação insolúvel devido à falta de meios.
- 22. Os caminhos: obediência imposta acerca de um tema nada convincente para o consulente, aspecto que gera desconforto, tensão e dúvida.
- 23. Os ratos: cai a "venda dos olhos". Descobrimento de um culpado. Desmascaramento.
- 24. O coração: essa combinação pode representar um sócio digno de total confiança.
- 25. O anel: consolidação de propriedades e bens (talvez o pagamento de uma última parcela ou solução de uma dívida).
- 26. O livro: essa combinação aconselha não forçar a situação, seja qual for a área da consulta. Plano traçado em segredo.
- 27. A carta: acordo ratificado por escrito. Projeto bem estabelecido.
- 30. Os lírios: vínculo amoroso ligado ao trabalho. Romance enriquecedor com uma pessoa de mais idade que trará serenidade e satisfações emocionais.
- 31. O sol: essa combinação está relacionada ao mundo das seguradoras, assim também aos planos e estratégias preventivas.
- 32. A lua: uma ideia, uma intuição com possibilidades reais de sucesso (caso a lua esteja à direita e a chave à esquerda, mas se for o contrário: projeto que trará resultados decepcionantes).
- 34. Os peixes: projeto visionário. Tato empresarial que trará acertos e sucesso.

- 35. A âncora: recuperação. Felicidade ao alcance das mãos.
- 36. A cruz: situação vulnerável da qual o consulente é o único responsável, uma vez que é resultado de suas próprias escolhas.

34 - OS PEIXES

34. Os peixes

Os peixes (sendo golfinhos em algumas versões do baralho) representam o dinheiro e as finanças. Eles representam igualmente riqueza e luxo, além de desperdício, grandes negócios e empresários. Mesmo se a consulta ou as cartas que a acompanham se refiram a outras áreas, a interpretação está relacionada de uma forma ou outra ao campo econômico. Assim, por exemplo, no campo do amor fala sobre relações interessadas (ou interessantes) podendo haver sentimentos verdadeiros, mas que estão em segundo plano. Sem sair do campo das relações pode significar também uma relação comercial derivada de um relacionamento amoroso.

Se o assunto é família, a tranquilidade econômica redundará positivamente na harmonia e no bem-estar do lar. Se o tema é saúde, a interpretação está mais relacionada aos excessos (associados à fartura e aos gastos), e pode servir de alerta acerca da necessidade de contenção geral e alimentação simples e saudável.

Interpretação dos peixes em combinação com:

- 1. O cavaleiro: assinatura de um contrato. Notícias financeiras ou relacionadas a negócios e investimentos. Quando se refere a uma pessoa específica indica um homem de negócios, um empresário, um empreendedor.
- 2. O trevo: acontecimento inesperado que será providencial e trará estabilidade para uma situação complicada. Sorte nos negócios e nas finanças. Na condição de funcionário, perspectivas de aumento de salário.

- 3. O barco: negócio muito lucrativo. Profissional independente.
- 4. A casa: economia familiar desafogada, entrada de renda extra para os cofres da família. Compra ou venda de imóveis.
- 5. A árvore: despesas médicas.
- 6. As nuvens: preocupação econômica. Problemas econômicos, de liquidez (solucionáveis). Trabalho ocasional, temporário, podendo ser precário.
- 7. A serpente: bem-estar econômico, prosperidade que provoca inveja.
- 8. O ataúde: acúmulo de dívida. Ruína, falência, miséria. Doença intestinal.
- 9. O ramalhete: aumento de salário, gratificação, presente monetário.
- 10. A foice: sentença negativa (provavelmente em litígio relacionado ao campo econômico ou financeiro).
- 11. O chicote: pausa, atraso em assuntos de negócios ou de trabalho. Disputas por questão de dinheiro.
- 12. Os pássaros: incerteza financeira acompanhada de ansiedade profunda.
- 13. A criança: essa combinação se refere à pequena quantidade de dinheiro.
- 14. A raposa: desejo, ganância, materialismo. Enriquecimento em detrimento dos outros.
- 15. O urso: vida próspera, opulência, contato com pessoas afortunadas.
- 16. As estrelas: herança considerável, ganhos significativos que não são produto de esforço, mas sim de acontecimentos fortuitos e extraordinários.
- 17. A cegonha: ganhos inesperados (isso acontece quando a cegonha aparece em primeiro lugar, senão perdas financeiras).
- 18. O cão: instinto para os negócios que se traduz em lucros fáceis.
- 19. A torre: segurança econômica, economias substanciais, bom salário. Dinheiro ganho por meio do esforço.

- 20. O parque: riqueza obtida por meio de uma atividade de atendimento ao público, muitos clientes, sucesso alcançado pela propaganda oral.
- 21. A montanha: obstáculos aparecem, mas serão facilmente administrados.
- 22. Os caminhos: desperdício inútil de energia e dinheiro.
- 23. Os ratos: grandes perdas econômicas, ruína. Má gestão do patrimônio, incapacidade para economizar. A combinação peixes-ratos também está associada ao alcoolismo.
- 24. O coração: relação com uma pessoa muito rica.
- 25. O anel: assinatura de contrato muito conveniente. Casamento economicamente vantajoso.
- 26. O livro: sucesso econômico, grandes lucros nos negócios. Herança inesperada.
- 27. A carta: dinheiro que volta. Investimento que se recupera. Devolução de empréstimo.
- 30. Os lírios: prosperidade graças à família. Brilho pessoal.
- 31. O sol: essa combinação simboliza o auge do sucesso, prosperidade, luxo.
- 32. A lua: tensões profissionais ou financeiras.
- 33. A chave: projeto visionário. Tino comercial que trará acertos e sucesso.
- 35. A âncora: ajuda financeira, aval, sócio capitalista de solvência indiscutível.
- 36. A cruz: sofrimento por dificuldades econômicas. Problemas financeiros. Dívidas urgentes.

35. A âncora

35 - A ÂNCORA

A âncora simboliza estabilidade. Tirar a âncora equivale a criar raízes. Não há necessidade de continuar viajando (pelo menos temporariamente), chega-se ao porto e assim ao merecido descanso. Com esse aspecto de segurança ou assentamento representa tudo o que esteja relacionado ao campo profissional: emprego, formação, estudos. Em caso de incerteza no trabalho, a carta anuncia estabilização e segurança. Quando estiver mal acompanhada pode ser traduzida na forma de excesso de trabalho, seja por imposição ou por problema de vício no trabalho. De qualquer forma, essa carta fala de confiança pessoal e força de vontade sem ter de provar nenhum esforço, do mesmo modo as oportunidades que irão surgir.

No campo sentimental, é uma carta ambivalente. Pode falar de sentimentos não correspondidos e relações sólidas, mas dependendo das circunstâncias pode indicar a necessidade de um pouco de "ansiedade" para reanimar a relação.

A imagem de "ancorar" pode ainda estar associada à prudência e à cautela, nesse sentido, a carta aconselha refletir antes de tomar qualquer decisão.

Interpretação da âncora em combinação com:

- 1. O cavaleiro: estabilidade. Conquista de equilíbrio tanto físico quanto mental. Notícias tranquilizantes relacionadas ao trabalho, entrevista que dará frutos (fim da incerteza).
- 2. O trevo: período de esplendor no trabalho, talvez relacionado a uma viagem inesperada e de consequências afortunadas.

- 3. O barco: O barco está ancorado, chega o momento da estabilidade (a combinação se refere especialmente à estabilidade emocional e mental).
- 4. A casa: indica reconciliação, recuperação da estabilidade e equilíbrio perdido dentro do núcleo familiar.
- 5. A árvore: a combinação da âncora e da árvore é a combinação da estabilidade por excelência. Força e segurança. Pisa sobre um terreno firme e com poder.
- 6. As nuvens: recuperação de equilíbrio. As coisas são recolocadas nos seus devidos lugares.
- 7. A serpente: surpresa desagradável.
- 8. O ataúde: o consulente se encontra imobilizado, incapaz de reagir, apático, fraco.
- 9. O ramalhete: a ajuda desinteressada, pontual e providencial de um amigo é definitiva para alcançar o objetivo pretendido.
- 10. A foice: apenas poderá sair do buraco financeiro por meio de uma decisão drástica e definitiva.
- 11. O chicote: posição firme que gera conflito.
- 12. Os pássaros: obsessão de ideias fixas e circulares sobre um problema que pode levar a um colapso nervoso.
- 13. A criança: os esforços serão recompensados (ou indica que o consulente deve recompensar o esforço alheio).
- 14. A raposa: desonestidade, armadilhas e subterfúgios. Assédio moral.
- 15. O urso: segurança financeira. Justiça.
- 16. As estrelas: realizações, retiro de paz, de segurança.
- 17. A cegonha: mudanças que serão permanentes. Consolidação dos resultados.
- 18. O cão: esforços recompensados. Confiança e segurança vindas de um ambiente nobre, amável e fiel.

- 19. A torre: é a combinação da intolerância e dos preconceitos. Talvez o consulente deva rever um assunto com outros olhos (sem preconceitos). Quando se refere a um lugar, representa um escritório de trabalho.
- 20. O parque: relações sociais interessantes que possam trazer muitos benefícios em várias áreas que vão além da simples vida social.
- 21. A montanha: desemprego. Solução de um problema que exige grandes sacrifícios.
- 22. Os caminhos: essa combinação fala de uma escolha sábia que vai trazer serenidade e solidez.
- 23. Os ratos: atrasos, diminuição do ritmo de produtividade. Risco de demissão por ajuste pessoal.
- 24. O coração: amor pela profissão, trabalho vocacional e gratificante.
- 25. O anel: contrato de trabalho indefinido.
- 26. O livro: lealdade. Relacionamento sólido e transparente, sem segredos e muito proveitoso.
- 27. A carta: consumação de planos e projetos sólidos.
- 30. Os lírios: panorama geral muito favorável.
- 31. O sol: eficiência, sucesso fácil e completo. Pleno controle da situação.
- 32. A lua: o equilíbrio é alcançado.
- 33. A chave: recuperação. Felicidade ao alcance das mãos.
- 34. Os peixes: ajuda financeira, aval, sócio capitalista de solvência indiscutível.
- 36. A cruz: fraqueza, submissão. Apego doentio e dependente. Uma pesada cruz que o consulente deve carregar por muito tempo.

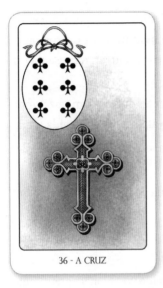

36 - A CRUZ

36. A cruz

A interpretação geral dessa carta assemelha-se ao enforcado do tarô tradicional. Ambas simbolizam o sacrifício, o martírio. Embora a essência da cruz seja muito mais sombria e pessimista (não é em vão que a cruz está associada aos instrumentos de tortura). O enforcado também anuncia problemas ou aborrecimentos, mas nesse caso trata de dificuldades que obrigam estar aberto a novas perspectivas e, portanto, acarretam circunstâncias positivas.

A cruz, no entanto, fala de duras provas no horizonte, de limpeza implacável do carma, de lições não aprendidas que geram repetição de erros e o regresso das dores que poderiam ser evitadas com uma mudança curadora (neste sentido, o paralelismo seria com o arcano da Justiça). É uma das cartas mais negativas do baralho Lenormand: a cruz que se deve carregar se refere às várias máximas populares, mas também contém certo tom de purificação por meio da dor.

Anuncia más notícias (muitas vezes a respeito da saúde), sofrimento, lágrimas. É uma carta que fala de crise, fracasso. É necessário fazer uma introspecção para descobrir o que não estamos vendo, o que repetimos, em que momentos estamos errando, e a ativar novas energias e não tomar outros caminhos transitados anteriormente.

Interpretação da cruz em combinação com:

- 1. O cavaleiro: chegada de uma pessoa infeliz ou de alguém que esteja passando por um momento de depressão. Notícias que levam ao estado depressivo, ao desânimo.

- 2. O trevo: um fio de esperança em tempos ruins.
- 3. O barco: viagem redentora, seja literal (uma viagem que trará novas expectativas e oportunidades) ou metafórica, de miséria, de tribulações por meio de uma viagem interior, de conclusões bem-sucedidas decorrentes da introspecção.
- 4. A casa: carma hereditário negativo. A família pode ser uma sobrecarga excessiva para o consulente.
- 5. A árvore: sofrimento interno, doença (provavelmente hereditária).
- 6. As nuvens: desgaste, incapacidade de encontrar uma solução diante de uma situação preocupante. Quando se refere à área da saúde, pode indicar problemas relacionados a doenças neurológicas.
- 7. A serpente: calúnias, difamações que trazem graves consequências para o consulente.
- 8. O ataúde: essa combinação alerta sobre um perigo. Prejuízo real ou perda metafórica (algo morre por causa de uma terrível decepção ou por esgotamento emocional diante de duras provas na vida). Doença com dor.
- 9. O ramalhete: se O ramalhete antecede a cruz, o significado é negativo e geralmente se refere a ambições ou desejos frustrados, mas se aparece depois indica a solução de problemas que pareciam impossíveis de ser resolvidos.
- 10. A foice: desgraça inesperada obrigará a assumir grandes sacrifícios.
- 11. O chicote: essa combinação fala de um castigo merecido em que o consulente pode ser sujeito ou objeto.
- 12. Os pássaros: propensão à preocupação e pensamentos catastróficos. Essa combinação simboliza o caráter pessimista.
- 13. A criança: a criança acompanhada da cruz fala de crianças infelizes, do sofrimento de inocentes.

- 14. A raposa: grave confusão, crise devido a um relacionamento extraconjugal; jogo perigoso. Uma mentira.
- 15. O urso: as provas devem ser enfrentadas com coragem. Ajuda em tempos difíceis, cobrança de dívidas. Doença ou acidente vascular cerebral em idosos; personalidade nobre.
- 16. As estrelas: alívio, obstáculo facilmente superado quando aplicado à criatividade.
- 17. A cegonha: essa combinação tem um significado oposto à combinação sol-cegonha. Nesse caso, anuncia o início de um período de crise, fala de mudanças dolorosas, de provas.
- 18. O cão: perda de uma amizade. Preocupação excessiva com os demais. Um amigo suportará (ou está suportando) duras provas.
- 19. A torre: doença difícil de ser combatida. Circunstâncias que obrigam a uma vida de solidão. Problema cuja solução é adiada por muito mais tempo.
- 20. O parque: referente a lugar essa combinação indica um cemitério ou uma igreja. Metaforicamente falando, se trata de uma espera frustrante.
- 21. A montanha: problemas que causam tristeza. Situação difícil e injusta que gera raiva, ira, ódio.
- 22. Os caminhos: a cruz junto do caminho fala de dor, de sofrimento por causa de uma dúvida que se arrasta há algum tempo.
- 23. Os ratos: essa combinação representa um castigo cármico, a repetição de fracassos. Também pode referir-se a uma crise religiosa ou à perda de fé.
- 24. O coração: amor não correspondido. Relação que causa mais sofrimento que momentos de felicidade.
- 25. O anel: essa combinação pode simbolizar união eterna, compromisso profundo. Também fala de separação ou de algo decidido.
- 26. O livro: segredo fatal. Carma terrível. Decadência.

- 27. A carta: é necessário muita coragem para enfrentar um acontecimento doloroso.
- 30. Os lírios: é necessário muita coragem para enfrentar um acontecimento doloroso. repetição
- 31. O sol: redenção, limpeza de carma.
- 32. A lua: essa combinação fala de uma vida vazia e limitada. Esgotamento drástico. Graves problemas psicológicos.
- 33. A chave: situação vulnerável da qual o consulente é o único responsável, já que é resultado das próprias escolhas.
- 34. Os peixes: dificuldades econômicas, penúria.
- 35. A âncora: fraqueza, submissão. Apego doentio e dependente. Uma pesada cruz que o consulente deve carregar por muito tempo.

Como já devem ter notado eu não inclui o cavalheiro e a dama (cartas 28 e 29) entre as descrições, somente em uma das combinações. Acontece que se trata de duas cartas de natureza diferente das demais. Não são cartas de adivinhação propriamente ditas, mas desempenham uma função de "carta pessoal" que são selecionadas de acordo com o sexo da pessoa que irá realizar a leitura. As tiragens peculiares de Lenormand fazem as vezes do consulente ou da consulente (ou de seus cônjuges ou de pessoas próximas e importantes na vida do consulente). Como será explicado mais tarde, de acordo com essa tiragem, a representação do consulente ocupa um lugar especial na leitura.

No entanto, além de ser interpretadas de maneira mais universal e destacar algum aspecto da tiragem, novamente, entram em jogo a intuição e as atitudes do cartomante, pois nenhum tarô se baseia em regras e tabelas estritas, apenas oferece um guia, uma pequena luz que abre a mente do consulente por meio de várias vertentes.

A seguir, ofereço suas possíveis interpretações para serem incluídas tais quais cartas de adivinhação:

28. O *cavalheiro*

Energia masculina (além de todas as suas características tradicionalmente associadas), o poder, a proatividade, a conquista. Autoridade e resistência à autoridade. Simboliza o estímulo e a persistência.

29. A *dama*

Energia feminina (além de todas as suas características tradicionalmente associadas). Criatividade, fertilidade, constância e entrega. Tendência conciliadora. Proteção para com os mais fracos.

Conselhos de Leitura e Exemplos de Tiragens

Quando se transita pelo terreno da adivinhação é necessário deixar de lado o pensamento consciente e tratar de bloquear os condicionamentos subconscientes por mais que se pareça impossível. Isso somente é possível quando nos fixamos no momento presente e nos concentramos única e exclusivamente na tiragem que se estende diante de nossos olhos. O desejo e a fé trazem uma ideia primitiva sem o mínimo de vestígio de dúvida. Nossos pensamentos pessoais e nosso estado de espírito colocam em risco a conexão do intangível e do mágico, no entanto, enquanto canal que funciona, o leitor deve se prestar à experiência por inteiro e sem interferências. A intuição (não contaminada pelo "eu") é a única voz que deve ser escutada. Por isso, não esqueça que as interpretações oferecidas são orientações e não ataduras. Enfim, confie e esse portal mostrará a você imagens expressivas do que está por vir.

Cinco tiragens como exemplo

Tiragem de uma resposta rápida

Essa é a tiragem perfeita para tirar dúvidas específicas, é muito lúdica e divertida de realizar. Com a dúvida em mente, embaralhar e cortar sem deixar de pensar na questão que deseja esclarecer. Colocar a carta superior do maço, de cabeça para baixo, sobre a mesa. O número dessa carta vai determinar a seguinte. Contar e separar várias cartas como indica o número da primeira carta e ensinar a última que sai no final da conta. Repetir a operação com o número da segunda carta e ensinar a carta que sai no final dessa segunda conta.

Por exemplo, se a primeira carta é a número dez, conta nove cartas e mostra a décima. Vamos imaginar que essa décima é a carta número vinte. Conta dezenove cartas e mostra a vigésima. Com essa última carta (por exemplo, a cinco) já tem três cartas sobre a mesa: a 10, a 20 e 5.

Agora some o valor das três e busque a carta que tem o número que saiu como resultado da soma. Essa carta é a que dará a resposta. Em nosso exemplo seria a carta número trinta e cinco (10+20+5), a âncora, que poderá destacar intuitivamente as interpretações das três primeiras cartas.

Quando sai um valor superior a 36 deve somar outra vez os valores da soma (por exemplo, 45: 4 + 5 = 9).

A tiragem de situação

Por sua vez, deve-se embaralhar as cartas concentrado na pergunta. Em seguida, corta-se as cartas e o consulente escolhe um monte e as coloca para o procedimento da leitura.

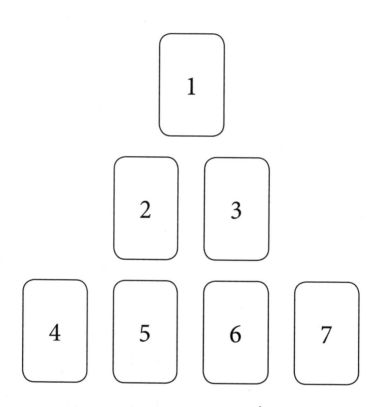

- Carta 1: situação atual
- Carta 2: estado de espírito do consulente em relação à questão
- Carta 3: chave que pode esclarecer a situação
- Carta 4: Resposta à pergunta realizada
- Carta 5, 6 e 7: Detalhes e aspectos que esclarecem e ajustam a resposta (carta 4)

O quadrado de nove cartas

É uma tiragem tão simples como as anteriores, mas diferentemente das demais não responde a uma pergunta específica. Seu objetivo é esclarecer uma situação e adivinhar o desenvolvimento de futuros acontecimentos.

No centro da tiragem deve colocar o naipe significador: a dama ou o cavalheiro, conforme seja o sexo do consulente (homem ou mulher), ou selecionar um significador segundo o tema a ser perguntado (por exemplo, o coração se for sobre uma questão sentimental; os peixes se for sobre um tema econômico ou financeiro; a âncora caso sejam as perguntas referentes a trabalho; a cegonha se o assunto for mudança, entre outros) e após embaralhar as cartas, colocá-las seguindo a ordem que aparece no esquema:

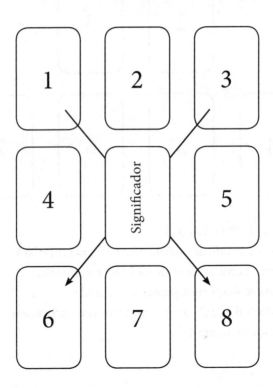

- A coluna da esquerda (cartas 1, 4 e 6) representa o passado recente.
- A coluna central (cartas 2 e 7) o presente.
- A coluna da direita (3, 5 e 8) é o futuro provável.
- A linha superior (cartas 1, 2 e 3) representa o que há na mente do consulente.
- A linha inferior (cartas 6, 7 e 8) representa o que será materializado, ou seja, o que vai acontecer.

Caso precise de mais dados ou matizar o que dizem essas combinações, pode ler também as diagonais:

- 1 Significador 8.
- 3 Significador 6.

A cruz do tempo

Em relação ao objetivo e leitura são similares à anterior. Coloca-se a carta significadora no centro da tiragem, embaralha-se as demais e em seguida coloca-se de acordo com os números no esquema:

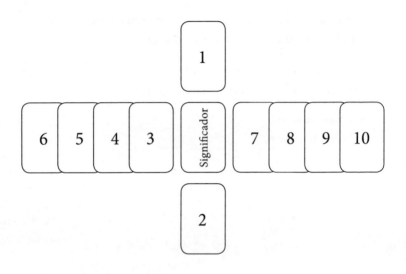

- As cartas 1 e 2 indicam o presente.
- As cartas 3, 4, 5 e 6 nos falam do passado.
- As cartas 7, 8, 9 e 10 nos revelam o futuro.

A grande tiragem

Para a grande tiragem são utilizadas todas as cartas. Coloca-se quatro filas de oito cartas e as quatro cartas restantes formam uma quinta (devem ser colocadas de modo centralizado em relação às quatro filas de oito, como se vê no esquema). Com o tabuleiro à disposição, busca-se a carta que representa o consulente (se for um homem será a carta 28 do cavalheiro e se for mulher a carta 29 da dama). Como podemos observar no esquema, a posição desse naipe servirá de referência para toda leitura:

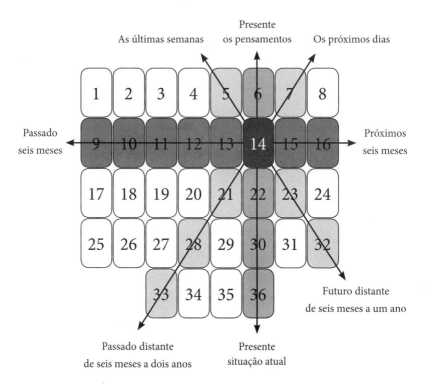

Impresso por :

Tel.:11 2769-9056